彰化學 036

# 彰化書院與科舉

林文龍◎著

晨星出版

## 【叢書序】
# 啓動彰化學
## ——共同完成大夢想

林明德

二十多年來，臺灣主體意識逐漸抬頭，社區營造也蔚爲趨勢。各縣市鄉鎮紛紛編纂史志，大家來寫村史則方興未艾。而有志之士更是積極投入研究，於是金門學、宜蘭學、澎湖學、苗栗學、台中學、屏東學……，相繼推出，騰傳一時。

大致上說來，這些學術現象的形成過程，個人曾直接或間接參與，於其原委當有某種程度的了解，也引起相當深刻的反思。

一九九六年，我從服務二十五年的輔大退休，獲聘於彰化師大國文系。教學、研究之餘，仍然繼續臺灣民俗藝術的田調工作。一九九九年，個人接受彰化縣文化局的委託，進行爲期一年的飲食文化調查研究，帶領四位研究生進出二十六個鄉鎮市，訪問二百三十多個飲食點，最後繳交《彰化縣飲食文化》（三十五萬字）的成果。

當時，我曾說過：往昔，有一府二鹿三艋舺的符碼；今天，飲食文化見證半線風華。這是先民的智慧結晶，也是彰化的珍貴資源之一。

彰化一帶，舊稱半線，是來自平埔族「半線社」之名。清雍正元年（1723），正式立縣；四年（1726）創建孔

廟，先賢以「設學立教，以彰雅化」期許，並命名為「彰化縣」。在地理上，彰化位於臺灣中部，除東部邊緣少許山巒外，大部分屬於平原，濁水溪流過，土地肥沃，農業發達，有「臺灣第一穀倉」之美譽。三百年來，彰化族群多元，人文薈萃，並且累積許多有形、無形的文化資產，其風華之多采多姿，與府城相比，恐怕毫不遜色。

二十五座古蹟群，各式各樣民居，既傳釋先民的營造智慧，也呈現了獨特的綜合藝術；戲曲彰化，多音交響，南管、北管、高甲戲、歌仔戲與布袋戲，傳唱斯土斯民的心聲與夢想；繁複的民間工藝，精緻的傳統家俱，在在流露令人欣羨的生活美學；而人傑地靈，文風鼎盛，舊、新文學引領風騷，成果斐然；至於潛藏民間的文學，既生動又多樣，還有待進一步的挖掘與整理。

這些元素是彰化的底蘊，它們共同型塑了「人文彰化」的圖像。

十二年，我親近彰化，探勘寶藏，逐漸發現其人文的豐饒多元。在因緣俱足之下，透過產官學合作的模式，正式推出「啟動彰化學」的構想。

基本上，啟動彰化學，是項多元的整合工程，大概包括五個面相：課程設計結合理論與實際，彰化師大國文系、台文所開設的鄉土教學專題、臺灣文化專題、田野調查、民間文學、彰化縣作家講座與文化列車等，是扎根也是開拓文化人口的基礎課程，此其一；為彰化學國際化作出宣示，二○○七彰化文學國際學術研討會聚集國內外學者五十多人，進行八場次二十六篇的論述，為彰化文學研究聚焦，也增加彰化學的國際能見度，此其二；彰化師大文學院立足彰化，於人文扎根、師資培育、在職進修與社會服務扮演相當重要

角色，二○○七重點發展計畫以「彰化學」爲主，包括：地理系〈中部地區地理環境空間分析〉、美術系〈彰化地區藝術與人文展演空間〉與國文系〈建置彰化詩學電子資料庫〉三個子題，橫向聯繫、思索交集，以整合彰化人文資源，並獲得校方的大力支持，此其三；文學院接受彰化縣文化局的委託，承辦二○○七彰化學研討會，我們將進行人力規劃，結合國內學者專家的經驗與智慧，全方位多領域的探索彰化內涵，再現人文彰化的風貌，爲文化創意產業提供一個思考的空間，此其四；爲了開拓彰化學，我們成立編委會，擬訂宗教、歷史、地理、生物、政治、社會、民俗、民間文學、古典文學、現代文學、傳統建築、傳統表演藝術、傳統手工藝與飲食文化等系列，敦請學者專家撰寫，其終極目標乃在挖掘彰化人文底蘊，累積人文資源，此其五。

彰化師大扎根半線三十六年，近年來，配合政策積極轉型爲綜合大學，努力參與社區總體營造，實踐校園家園化，締造優質的人文空間，經營境教，以發揮潛移默化的效果，並且開出產官學合作的契機，推出專案，互相奧援，善盡知識分子的責任，回饋社會。在白沙山莊，師生以「立卦山福慧雙修大師彰師大，依湖畔學思並重明德化德明。」互相勉勵。

從私立輔大退休，轉進國立彰師大，我的教授生涯經常被視爲逆向操作，於臺灣教育界屬於特例；五年後，又將再次退休。個人提出一個大夢想，期望結合眾多因緣，啓動彰化學，以深耕人文彰化。爲了有系統的累積其多元資源，精心設計多種系列，我們力邀學者專家分門別類、循序漸進推出彰化學叢書，預計每年十二冊，五年六十冊。並將這套叢書獻給彰化、臺灣與國際社會。

　　基本上，叢書的出版是產官學合作的最佳典範，也毋寧是臺灣學的嶄新里程碑。感謝彰化縣文化局、全興、頂新、帝寶等文教基金會與彰化師大張惠博校長的支持。專業出版社晨星的合作，在編輯、美編上，為叢書塑造風格，能新人耳目；彰化人杜忠誥教授，親自題寫「彰化學」三字，名家出手為叢書增色不少，在此一併感謝。

　　回想這套叢書的出版，從起心動念，因緣俱足，到逐步推出，其過程真是不可思議。

　　「讓我們共同完成一個大夢想吧。」我除了心存感激外，只能如是說。

・林明德（1946～），臺灣高雄縣人。國立政治大學中文博士。曾任國立彰化師範大學國文學系教授兼副校長。現任中華民俗藝術基金會董事長。投入民俗藝術研究三十年，致力挖掘族群人文，整合民俗藝術，強調民俗是一切藝術的土壤。著有《台澎金馬地區區聯調查研究》（1994）、《文學典範的反思》（1996）、《彰化縣飲食文化》（2002）、《阮註定是搬戲的命》（2003）、《台中飲食風華》（2006）、《斟酌雅俗》（2009）、《俗之美》（2010）、《戲海女神龍》（2011）。

## 【作者序】

　　政府用人唯才，甄拔才俊之士，使其發揮所學，貢獻國家社會，透過選舉機制，是不二法門。歷代修纂地方志書，例有「選舉志」一門，內容悉屬科舉考試變革，以及科貢人物總表，以是往往令人產生錯覺，誤認為選舉等同於科舉，其實科舉不過是眾多的選舉方式之一，他如察舉、徵召，也都屬於選舉範疇，乃至官吏的選拔、任用與考核，亦可概括為廣義的選舉。

　　朝廷設科取士，考試不失為最公允的制度，即使是備受批評的以八股、試帖規範應試文字，其出發點也是出自公平性的考量，設定格式，俾儒士有所遵循，而試官閱卷也有取捨標準。窮經致用，為天下讀書人奮鬥目標，科舉考試正是跨越仕途的重要門檻，因此書院教育應運而生；科舉肇端於隋朝，書院則出現於唐代，從此成為培育科舉人才搖籃，與科舉制度相輔相成，歷經千餘年不衰。

　　光緒三十年（1904）甲辰科，為一千三百餘年的科舉考試劃下了休止符，自是應試的制藝時文，成為無用之物；影響所及，書院功能也隨之而式微，荒廢者有之，移充他用者有之，轉型者有之，情況不一而足。這種情形，在臺灣則提早了十年，光緒二十年（1894）的甲午恩科，為臺灣各學舉子參與科舉考試的最後一科。翌年臺灣割讓日本，迫使科舉提早結束，不過不少儒生內渡，寄籍閩粵各學，參與甲乙兩科考試，取得

舉人、進士以及翰林等功名。臺灣的科舉考試，在明鄭時代因有「全臺首學」的創設，乍現曙光，但止於取進生員階段，正式開科取士，爲康熙二十六年（1900）丁卯科鄉試，遲於清人入關之初的順治三年（1646）丙戌科達三十餘年，實爲科舉史上的「異數」。

為了記錄臺灣科舉制度下的書院經營，我曾經寫過《臺灣的書院與科舉》一書，交由常民文化公司出版，以淺顯文字，細數臺灣書院與科舉相關制度、人物掌故，以及民俗、遺跡。本書的發行，使年輕一輩，重新認識科舉與書院制度，某些殘留民俗也能藉此而追溯，找到源頭。有位朋友讀過書後曾告訴我：「以前讀過某專家的論叢，資料詳贍博引，不過終篇仍不知所云，但讀了你的書，很快便弄清楚原委。」有此肯定，殊堪告慰！只是書中有幾個關鍵性誤植文字，沒有機會更正或製作刊誤表，不無憾焉！

好幾年前，在彰化縣某個文學會議的場合，彰師大林明德副校長、作家康原兄告知正在進行「彰化學叢書」編印計畫。鑒於彰化縣爲臺灣現存書院古蹟最多的縣份，叢書中應有一席之地，邀我爲這項計畫寫一本《彰化書院與科舉》。當時公私兩忙，參與的鄉鎮志正在進行，館內的特展也在策劃，不敢貿然答應；康原兄一再勸說，道是時間不趕，基礎已經打好，只要稍作刪補便能成書，剛好常民的合約已滿，就勉爲其難接受了這個任務。

時間逐漸流逝，面對舊稿，茫然毫無頭緒，原因是抽出了非彰化部分，篇幅便嚴重不足，以致遲遲未能動筆。而康兄催稿殷勤，不僅密集電話催促，凡有見面機會，也不放過。而我一再因循，幾度想放棄，有天永靖張瑞和兄寄贈其大作《維繫傳統文化命脈──員林興賢書院與吟社》，彰化學叢書之一，

心想現存彰化三所書院之一已完稿其一，我的彰化書院正好趁此良機做個逃兵。去年春夏之交，仍是彰化縣文化局的會議場合，將打退堂鼓的念頭告知兩位；哪知得到的答覆是：彰化書院的書還是要出，交稿時間可以延到暑假之後。眼看無法置身事外，只能積極安排撰寫章節了。

　　彰化縣境內現存書院只有文開、興賢、道東，篇幅顯然不足，於是將範圍擴大，先從「彰化歷史書院」著墨，追溯正音、白沙、主靜、螺青等，再殿以「彰化書院延伸」，及於今南投縣境的藍田、登瀛，總共九所書院，成為本書的骨幹。書院與科舉密不可分，於是再就科舉部分擇要敘述，制度、民俗、人物之外，並及於書房、社學、詩文社等，大抵以彰化為主，不過因考量資料完整，仍有部分例外。數月辛勤，終於底定。彰化素稱人文淵藪，科甲雄冠全臺，見微知著，本書正堪相與印證。至於疏漏謬誤，或諮訪未周，敬請博雅君子有以教之！

林文龍謹序於臺灣文獻館

2012年2月

# 【目錄】 contents

# 第一章　導言

　　中國書院的設立，始於唐代集賢殿書院，該院薈萃學士，以備朝廷顧問應對，頗有後世翰林院的功能。自來談書院教育沿革史者，言必稱唐朝的集賢殿書院，爲「書院」一名的濫觴，其實集賢殿書院前身爲麗正脩（修）書院，更早則爲乾元院，《新唐書》卷四十七百官志記載：「（開元）六年，乾元院更號麗正脩書院，置使及檢校官，改脩書官爲麗正殿直學士。八年，加文學直，又加脩撰、校理、刊正、校勘官。十一年，置麗正院脩書學士；光順門外，亦置書院。十二年，東都明福門外亦置麗正書院。十三年，改麗正脩書院爲集賢殿書院，五品以上爲學士，六品以下爲直學士，宰相一人爲學士知院事，常侍一人爲副知院事，又置判院一人、押院中使一人。」據此可知乾元院到麗正脩書院，再到集賢殿書院，名稱雖有所改變，不過，其「脩書」職掌卻是一脈相承，並無重大改變，不同的只是編制官員品級而已。何況集賢殿書院名稱出現之前，已經出現光順門外的不知名書院以及麗正書院，惟重要性不如集賢殿書院而已。

　　唐憲宗元和年間，衡州李寬嘗建石鼓書院；至五代時，南唐主李昇就廬山白鹿洞建學館，置田以給諸生，學者大集，以李善道爲洞主，掌教授，論者輒推爲中國有講學書院的嚆矢。

　　到了宋代，儒生往往「依山林、即閒曠以教授」，學徒

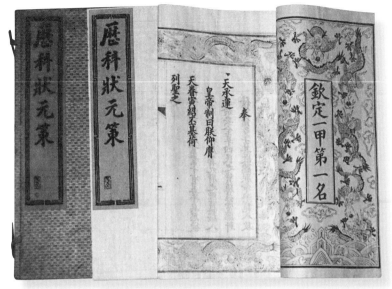

▲歷科狀元策。

少者數十百人，多者數千人，其中以嵩陽、衡嶽、睢陽及白鹿洞尤著。自此書院的設立，日新月異，歷元明而不衰。清初滿人入主中原，因深恐明朝遺民藉講學以傳播民族思想，曾一度禁止，據清順治九年（1652）〈上諭〉云：「各提學官督率教官、生儒，務將平日所習經書義理，著實講求，不許別創書院，群聚黨徒，及號召他方遊食之徒，空談廢業。」然書院制度由來已久，可補學校教育的不逮，並非政治力量所能扼制，故清順治十五年（1658），清廷即從湖南巡撫袁廓宇之請，修復衡陽石鼓書院，藉以「表彰前賢，興起後學。」清代臺灣各地書院，即於此種歷史背景之下，而陸續創建的[1]。

　　清康熙二十年（1683），清人得臺，福建水師提督施琅，

1　以上二段，參馬肇選《臺灣書院小史》、黃秀政《書院與臺灣社會》。

首建西定坊書院於臺灣府治，其後約二十餘年間，雖歷任職官續有增建，但均止於義學性質而已。臺灣之有名實相副的書院，始自清康熙四十三年（1704）臺灣府知府衛台揆所建的崇文書院，從此「各縣先後繼起，以爲諸生肄業之地」。總計清人領臺二百一十三年間，全臺大小書院多達五十所以上，對於文化提升與科舉教育，均有重大貢獻。

# 第二章　臺灣書院類型

　　綜觀臺灣大小書院五十餘處，雖俱有書院之名，而究其性質，卻不盡相同，大致可分爲高等教育的正規書院與基礎教育的非正規書院二大類型。

　　正規書院之中又可細分道轄（如海東書院）、府轄（如崇文書院）、廳轄（如明志、文石、仰山等書院）、縣轄（如引心、鳳儀、玉峰、白沙、宏文等書院）等數種。

　　非正規書院之中，則可細分爲義學（如西院書院）、社學（如興賢、文英、超然等書院）、文昌祠（如螺青書院）、試館（如澎瀛書院）、特殊教育（如正音、正心等書院）等數種。

　　茲分述如次：

## 一、高等教育

　　此類書院，均爲官方所建，設備完善，組織健全，師資優良，財力雄厚。生童的入學資格，須經考試，而有「文堪造就者」及「才俊之士」的限制。乾隆五年「議准：福建臺灣地方現有海東書院，據貢生施士安願捐水田千畝，以充膏火之資。照省會書院之例，每學各保數人，擇其文堪造就者，送院肄業；令該府教授兼司訓課，酌量田租多寡，以供書院之

▲蓬壺書院正門，在清代爲縣轄正規書院。

用。[2]」又臺灣道蔣允焄〈改建海東書院碑記〉：「稽昔立學定制，始於康熙二十四年，又選才俊之士，設公廨、增廩餼，創爲書院以養之；如崇文、白沙、玉峰、明志等，所在多有，而海東其最著也。[3]」可見一斑。同時，院內另有完整的考試制度，每月舉行官課、師課二種[4]，其題於考課前兩日，貼講堂前，凡參加之生童，應自購指定的考試用紙，於課期內繕謄繳卷，由學官或山長評閱發榜，分等級發給膏火。

2　臺灣銀行經濟研究室編，〈各省書院〉，《清會典臺灣事例‧事例（一）禮部（上）學校》，頁99。
3　薛志亮，〈記〉，《續修臺灣縣志‧卷七　藝文（二）》，頁502。
4　如陳淑均，〈書院〉，《噶瑪蘭廳志‧卷四（上）學校》，頁139。原文所載：「每月官課一次、師課一次，大率以初二、十六等日爲期。」

▲蓬壺書院牌匾。

　　各書院膏火的名額與數量視財力而異，茲以新北市泰山區明志書院和彰化市白沙書院為例說明之。前者為：「全年考課八期，每月官師二期，生員超等一名給膏火銀二圓，餘超等均一圓；特等一名給膏火一圓，餘均五角；一等不給，童生上取一名給膏火銀一圓，餘上取均五角；中取一名給膏火銀五角，餘中取均二角五瓣；次取不給。[5]」而後者白沙書院，據《臺灣私法》記載，該院於年初官課時，取生員十二名為內課生，二十名為外課生；另取童生二十名為內課生，四十名為外課生，其餘生童皆為附課生。師課時，生員內課生各給膏火二圓四十錢，外課生各給一圓二十錢；而童生內課生各給一圓二十錢，外課生各給八十錢，附課生則不給[6]。

　　此類高等教育的書院，臺灣道及各府、廳、縣治均有之，如海東（臺灣道）、崇文（舊臺灣府）、登瀛（臺北府）、明志（淡水廳）、文石（澎湖廳）、仰山（噶瑪蘭廳）、蓬壺（舊臺灣縣）、鳳儀（鳳山縣）、玉峰（嘉義縣）、白沙（彰化縣）、宏文（新臺灣縣）等書院均是。

5　〈書院〉，《新竹縣志初稿・卷三　學校志》，頁97。
6　陳金田譯，〈臺灣的書院〉，《臺灣私法第一卷》，頁532-538。

## 二、基礎教育

### （一）義學

　　此類書院係以收容貧困學童爲主，對於入學資格，自無嚴格的限制，當然學業內容，也僅限於初級的啓蒙教育而已。如清康熙年間臺灣府治先後所建西定坊書院、鎮北坊書院、竹溪書院、東安坊書院等均屬之。

　　此外，亦有由義學改名書院，而性質不變者，如南投藍田書院、北投（今南投縣草屯鎮）登瀛書院均是，據劉枝萬《南投縣教育志稿》云：「由於地方之開發，教育亦隨之而興，南投義學乃改爲藍田書院，北投義學改爲登瀛書院，是爲本縣教學設施之一大擴張，而雖改稱書院，內容實是一保之義學，僅以官准聘請教師，與普通義學稍異耳，職是之故，義學之稱，

▼現址於澎湖的文石書院，在清代爲廳轄的正規書院。

▲現位於南投縣草屯鎮的登瀛書院，以收容貧困學童為主，為地方義學。

▲集集鎮明新書院現貌，亦爲義學之一。

未曾因此而廢，有時仍沿用之，或可謂之義學附設於書院內，但此究非書院之本來目的。」至於南投縣集集鎮明新書院的情形，亦大同小異，據同前書又云：「……至光緒十一年十一月告成，顏曰明新書院。……惟此一設施，雖稱書院，而於組織，實係兼存書院爲目的之義學也。」全臺書院中，與上述相同，亦具有義學性質者不在少數。

## （二）特殊教育

清雍正七年（1729），臺灣、諸羅、鳳山、彰化四縣，均「奉文」設正音書院，事載清乾隆五年（1740），劉良璧纂輯《重修福建臺灣府志》卷十一學校，以「正鄉音」爲主要目的。

另有爲教化土著民族而成立的書院，例如南投縣日月潭珠仔山（今拉魯島）的「正心書院」。該院爲清光緒二年

（1876）臺灣總兵吳光亮所倡建，亦由當時防備駐屯該地的丁汝霖及幕僚吳裕明、黃允元等兼掌司教。三年（1877），又由該院分設義學多處，此亦爲清代臺灣書院的特殊教育之一。

## （三）試館

試館號稱書院，在臺僅見一例，爲清代澎湖士子赴臺灣府城應試時的寓所，名澎瀛書院，據《澎湖廳志》卷四文事云：「澎湖試館，在臺灣郡治，土名二府口。乾隆年間，前廳胡建偉解任後，在臺捐建。內兩進各一廳二房，右邊護厝房五間，顏曰澎瀛書院，爲應試諸生公寓，內祀前廳黎溶。……光緒五年，增生陳維新添建敬字亭，但屋宇多圮，宜亟籌修建也。[7]」

## （四）文昌祠

古來書院皆重祭祀，臺灣的書院亦不例外，通常規模較大的官立書院，都祀有朱文公或其他先賢牌位，如明志書院「中爲講堂，後祀朱子神位」。文開書院「中祀徽國朱文公，兩旁以海外寓賢八人配享」。

至於一般的書院，則均以文昌帝君爲主神，配祀以朱文公、大魁夫子、倉聖人等神，即以其廳充爲講課之所，實兼具義學與文昌祠的功能，如彰化的員林興賢書院及和美道東書院等均是如此。

此外，無生童就讀其間的純文昌祠，也有號稱書院者，如雲林縣斗六市龍門書院，《雲林縣采訪冊》斗六保記云：「文祠，號龍門書院，前進祀朱子文公、梓潼帝君、關聖帝君，後

---

7　林豪，〈學校〉，《澎湖廳志·卷四　文事》，頁109。

▲興賢書院（921大地震前）以文昌帝君為主神，其廳為講課之所，實兼具有義學與文昌祠的功能。

進祀制字倉聖人。[8]」其他如彰化縣北斗鎮螺青書院，《彰化縣志》卷四學校志「書院」條下不列其名，僅於（社學條下）記云：「螺青社，在北斗街文祠內。[9]」又同前書卷五祀典志「祠廟」條下亦云：「文昌帝君廟……一在東螺保北斗街，道光初舉人楊啓元等捐建[10]」。

　　關於文昌祠亦號稱書院的意義，清道光年間任北路理番同知的鄧傳安撰〈修建螺青書院碑記〉曾予闡述：「彰化縣南五十里東螺保螺青書院，以祀文昌帝君。……予謂非士肄業之所而稱書院，得毋以文昌列在祀典，專司祿籍，為讀書人發祥所自乎？……然則書院之崇奉文昌，宜也。……則歲時之荐

8　倪贊元，〈祠廟寺觀〉，《雲林縣采訪冊・斗六堡》，頁15。
9　周璽，〈書院（社學附）〉，《彰化縣志・卷四　學校志》，頁149。
10　周璽，〈祠廟〉，《彰化縣志・卷五　祀典志》，頁152。

馨，一若夙夜之勵志，庠序之敬業，一若門內之修行。[11]」

在清人領臺二百一十三年間，全臺共創建大小書院約有五十多所以上，數量較之中國毫不遜色。今茲以各書院成立年年之先後排序，並附上各院之創始者與沿革，期能替讀者掇出臺灣書院的百年風貌。

表1：臺灣書院沿革簡表

| 書院名稱 | 位置 | 創建年代 | 沿革 | 備註 |
|---|---|---|---|---|
| 西定坊學院 | 臺灣府治（今臺南市） | 清康熙 22 年（1683） | 靖海侯施琅建。 | |
| 鎮北坊書院 | 臺灣府治（今臺南市） | 康熙 29 年（1690） | 臺灣知府蔣毓英建。 | |
| 彌陀室書院 | 臺灣府治（今臺南市） | 康熙 31 年（1692 年） | 臺灣知府王兆陞建。 | |
| 竹溪書院 | 臺灣府治（今臺南市） | 康熙 32 年（1693） | 臺灣知府吳國柱建。 | |
| 鎮北坊書院 | 臺灣府治（今臺南市） | 康熙 34 年（1695） | 臺廈道高拱乾建。 | |
| 西定坊書院 | 臺灣府治（今臺南市） | 康熙 37 年（1698） | 臺廈道常光裕建。 | |
| 東安坊書院 | 臺灣府治（今臺南市） | 康熙 41 年（1702） | 將軍吳英建。 | |
| 西定坊書院 | 臺灣府治（今臺南市） | 康熙 43 年（1704） | 臺廈道王之麟建。 | |
| 崇文書院 | 臺灣府治（今臺南市） | 康熙 43 年（1704） | 臺灣知府衛台揆建。 | 原東安坊府舊義學 |
| 屏山書院 | 鳳山縣蓮池潭畔（今高雄市左營） | 康熙 48 年（1709） | | 鳳儀書前身。 |
| 西安坊書院 | 臺灣府治（今臺南市） | 康熙 48 年（1709） | 臺廈道王敏政建。 | |

---

11 周璽，〈記〉，《彰化縣志·卷十二 藝文志》，頁462。

| 書院名稱 | 位置 | 創建年代 | 沿革 | 備註 |
|---|---|---|---|---|
| 海東書院 | 臺灣府治<br>（今臺南市） | 康熙 59 年<br>（1720） | 臺灣道梁文輇建。清乾隆 15 年（1750），知縣魯鼎梅就縣署改建。 | |
| 中社書院 | 臺灣府治<br>（今臺南市） | 雍正 4 年<br>（1726） | 臺灣道吳昌祚建。 | 亦稱奎樓書院，尚存。 |
| 正音書院 | 臺灣府治<br>（今臺南市） | 雍正 7 年<br>（1729） | 奉文設立。 | |
| 正音書院 | 諸羅縣治<br>（今嘉義市） | 雍正 7 年<br>（1729） | 奉文設立。 | |
| 正音書院 | 鳳山縣治<br>（今高雄市） | 雍正 7 年<br>（1729） | 奉文設立。 | |
| 正音書院 | 彰化縣治<br>（今彰化市） | 雍正 7 年<br>（1729） | 奉文設立。 | |
| 南社書院 | 臺灣縣治<br>（今臺南市） | 雍正年間 | | |
| 白沙書院 | 彰化縣治<br>（今彰化市） | 清乾隆 10 年<br>（1745） | 淡水同知攝理彰化知縣曾曰瑛建。 | |
| 鳳閣書院 | 鳳山縣前營<br>（位今高雄） | 乾隆 12 年<br>（1747） | | |
| 鳳崗書院 | 鳳山縣長治里<br>（今高雄） | 乾隆 12 年<br>（1747） | 紳民劉維仲、賴為舟及林四海等建。 | |
| 龍門書院 | 諸羅縣斗六門<br>（今雲林縣斗六市） | 乾隆 18 年<br>（1753） | 貢生鄭海生、廩生吳嘉會、富紳張良源、陳子芳等建。 | |
| 玉峰書院 | 諸羅縣治<br>（今嘉義市） | 隆 24 年<br>（1759） | 在文昌宮內。知縣李倓就原縣學文廟址改建。 | |
| 明志書院 | 淡水廳興直保<br>（今新北市泰山區） | 乾隆 28 年<br>（1763） | 永定貢生胡焯猷以新莊山腳自宅捐設義學，名曰「明志」，其後，淡水同知胡邦翰改建為書院。 | 乾隆 46 年（1781）改為義學，尚存殘蹟。 |
| 南湖書院 | 臺灣縣治<br>（今臺南市） | 乾隆 29 年<br>（1764） | 臺灣知府蔣允焄建。 | |

| 書院名稱 | 位置 | 創建年代 | 沿革 | 備註 |
|---|---|---|---|---|
| 文石書院 | 澎湖廳治（今澎湖縣馬公市） | 乾隆 31 年（1766） | 澎湖通判胡建偉應貢生許應元之請，建於文澳西偏。中為講堂三楹，祀宋儒五子。 | 尚存，改建為孔子廟。 |
| 明志書院 | 淡水廳治（今新竹市） | 乾隆 46 年（1781） | 淡水同知成履泰於廳治西門另建明志書院，原明志書院改為義學。 | |
| 奎璧書院 | 諸羅縣鹽水港（今臺南市鹽水區） | 乾隆 46 年（1781） | 趙姓創建。 | |
| 螺青書院 | 彰化縣北斗街（今彰化縣北斗鎮） | 嘉慶 8 年（1803） | | |
| 引心書院 | 臺灣縣治（今臺南市） | 嘉慶 15 年（1810） | 原為引心文社，在寧南坊呂祖廟內，拔貢張青峰，監生黃拔萃建。 | |
| 主靜書院 | 彰化縣治（今彰化市） | 嘉慶 16 年（1811） | 彰化知縣楊桂森建。 | 未竣中輟。 |
| 仰山書院 | 噶瑪蘭廳治（今宜蘭市） | 嘉慶 17 年（1812） | 委辦開蘭事宜前臺灣知府楊廷理創建。 | |
| 萃文書院 | 鳳山縣羅漢內門（今高雄市內門區） | 嘉慶 17 年（1812） | 在觀音亭內。尚存殘蹟。現址改建觀亭國小。 | |
| 鳳儀書院 | 鳳山縣治（今高雄市鳳山區） | 嘉慶 19 年（1814） | 鳳山知縣吳性誠命訓導銜歲貢生張廷欽建，屋三十七間。 | 尚存殘蹟。 |
| 振文書院 | 彰化縣西螺保（今雲林縣西螺鎮） | 嘉慶 19 年（1814） | 董事生員廖澄河建。 | 尚存。 |
| 屏東書院 | 鳳山縣阿緱街（今屏東市） | 嘉慶 20 年（1815） | 貢生郭萃、林夢陽建。光緒 6 年（1880）鄭贊祿重修。 | 尚存。 |
| 興賢書院 | 彰化縣員林街（今彰化縣員林鎮） | 清道光 3、4 年間（1823～4） | 光緒 17 年（1891）重建。 | 原為興賢社，尚存。 |

| 書院名稱 | 位置 | 創建年代 | 沿革 | 備註 |
|---|---|---|---|---|
| 文開書院 | 彰化縣鹿港新興街（今彰化縣鹿港鎮） | 道光4年（1824） | 北路理番同知鄧傳安建。 | 尚存。 |
| 羅山書院 | 嘉義縣治（今嘉義市） | 道光9年（1829） | 嘉義知縣張縉雲、刑部郎中王朝清建。 | |
| 藍田書院 | 彰化縣南北投保（今南投市） | 道光11年（1831） | 南投縣丞朱懋、生員曾作雲 管俊升等建。 | 尚存。 |
| 登雲書院 | 嘉義縣笨港（今嘉義縣新港鄉） | 道光15年（1835） | 邑人鳩資興建。 | |
| 文英書院 | 彰化縣岸裡大社（今臺中市神岡區） | 道光16年（1836） | 邑紳呂世芳、呂耀初建。 | |
| 聚奎書院 | 嘉義縣笨港（今雲林縣北港鎮） | 道光17年（1837）以前 | 道光17年（1837），貢生蔡慶宗倡建聚奎閣。 | 聚奎閣尚存。 |
| 朝陽書院 | 鳳山縣（今屏東市） | 道光20年（1840） | 光緒6年（1880），訓導李政純等重建。 | |
| 學海書院 | 淡水廳艋舺（今臺北市萬華區） | 道光23年（1843） | 道光17年（1837），淡水同知婁雲議建；23年（1843），同知曹謹續成。 | 尚存，現改為高氏宗祠。 |
| 修文書院 | 彰化縣西螺保（今雲林縣西螺鎮） | | 貢生詹錫齡等建。 | |
| 鰲文書院 | 彰化縣 | 道光23年（1843） | | |
| 奎文書院 | 彰化縣他裡霧（今雲林縣斗南鎮） | 道光27年（1847） | 職員黃一章捐建。 | |
| 登瀛書院 | 彰化縣南北投保（今南投縣草屯鎮） | 道光27年（1847） | | 尚存。 |
| 超然書院 | 彰化縣大墩街（今臺中市） | 道光年間 | 即大墩文祠。道光10年（1830），周璽纂輯《彰化縣志》載有超然社。 | |

| 書院名稱 | 位置 | 創建年代 | 沿革 | 備註 |
|---|---|---|---|---|
| 玉山書院 | 臺灣縣茄冬南保（在今嘉義縣） | 清咸豐元年（1851） | 邑人創建。 | 尚存。 |
| 道東書院 | 彰化縣和美線街（今彰化縣和美鎮） | 咸豐7年（1857） | | 尚存。 |
| 樹人書院 | 淡水廳（在今新北市） | 咸豐年間 | 陳維英等建。 | |
| 正心書院 | 日月潭（今南投縣魚池鄉） | 清光緒2年（1876） | 總兵吳光亮建。 | 係專為教育水社而設。 |
| 雲峰書院 | 鳳山縣阿里港街（今屏東縣里港鄉） | 光緒3年（1877） | 職員藍登輝、董事張簡榮、張簡德建。 | |
| 登瀛書院 | 臺北府治（今臺北市） | 光緒7年（1881） | 臺北知府陳星聚建。 | |
| 明新書院 | 彰化縣集集（今南投縣集集鎮） | 光緒8年（1882） | 陳長江籌建。 | 尚存。 |
| 蓬壺書院 | 臺灣縣治（今臺南市） | 光緒12年（1886） | 臺灣知縣沈受謙就引心書院改建。 | 尚存。 |
| 磺溪書院 | 彰化縣大肚下保（今臺中市大肚區） | 光緒13年（1887） | 趙順芳等倡建。 | 尚存。 |
| 英才書院 | 苗栗縣治（今苗栗市） | 光緒15年（1889） | 舉人謝維岳籌建。 | 暫借文昌祠使用，迄未建成。 |
| 宏文書院 | 臺灣縣（新）治（今臺中市） | 光緒15年（1889） | 臺灣知縣黃承乙創建。 | |
| 明道書院 | 臺北府治（今臺北市） | 光緒19年（1893） | 貢生鄭海、廩生吳嘉會、富紳張良源、陳子芳等建。 | |
| 崇基書院 | 基隆廳治（今基隆市） | 光緒19年（1893） | 江星輝籌建。 | |

# 第三章　歷史彰化書院

## 一、消失的白沙書院

　　彰化建縣於清雍正元年（1723），初無書院之設，約雍
正六年（1728）就已成立白沙書院前身的彰化縣義學，乾隆十
年（1745），正式創建白沙書院，為彰化縣最具規模的官建書
院，其後南北投保興建之藍田書院、登瀛書院，均接受其經費
補助，維持至臺灣割讓日本為止。

　　白沙書院為清代彰化縣最重要書院，惜因改朝換代，漸次
走入歷史，至今遺跡蕩然無存。其故址在彰化市孔子廟右側，
原大成幼稚園旁的民生路上，幼稚園處則為文昌祠故址。

## （一）前身彰化縣義學

　　白沙書院前身，為彰化縣義學，事載范咸纂修《重修臺
灣府志》卷八學校[12]。其設置年代，在劉良璧纂修《重修福建
臺灣府志》雖未記載，但該志卷十一卻附有義學「學田」云：
「彰化縣學田，在貓霧捒保上腳，土名四餅莊，計田五十一甲
六分二釐，每甲年徵粟六石，共粟三百九石七斗二升，照官莊

---

12　周元文，〈書院〉，《重修臺灣府志・卷八　學校》，頁289，原文為：「白
　　沙書院（即彰化縣義學）：在學宮右，乾隆十年，攝彰化縣淡水同知曾曰瑛
　　建。」

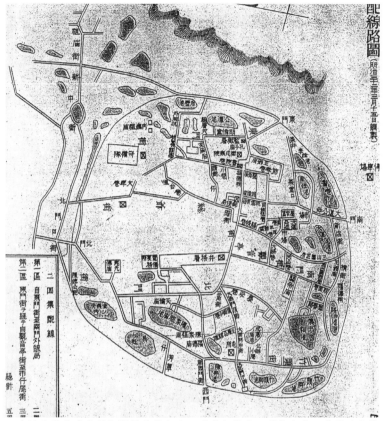

▲白沙書院為清代彰化縣最重要書院，因改朝換代，蕩然無存，其故址在彰化市孔子廟右側。

折番銀三錢六分，共銀一百一十一兩四錢九分九釐二毫，內除折納正供、耗羨、車儎等費，共四十四兩七錢七分七釐二毫外，剩銀六十六兩七錢二分二釐，為『義學』師生膏火之資，雍正六年，知縣湯啟聲置」[13]。

由此一線索，足證彰化縣義學最遲在清雍正六年（1728）

---

13 劉良璧，〈書院（社學附）〉，《重修福建臺灣府志・卷十一　學校》，頁334。

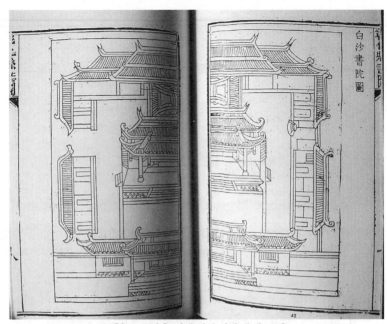

▲《彰化縣志》登載的白沙書院平面圖。

就已成立，而知縣湯啓聲正是彰化文教的拓荒先驅，惜縣志未
爲立傳，生平不詳，目前僅知渠爲江南江都人，康熙三十五年
（1696）舉人，雍正六年（1728），以革職南安知縣轉任彰化
知縣，翌年卸事。

## （二）曾曰瑛創建

　　乾隆十年（1745），淡水同知兼攝彰化知縣曾曰瑛鑑於彰
化建縣多年，迄無書院以培育人材，始改彰化縣義學爲白沙書
院其後又經歷任知縣興修，而奠定基礎，據《彰化縣志》卷四
學校志云：「白沙書院，在邑治內聖廟左，乾隆十年，淡水同

知攝縣事曾曰瑛建。二十四年，知縣張世英重修。五十一年，被亂焚燬，知縣宋興灝改建於文祠之西。嘉慶二十一年，署縣吳性誠醵資重新，局制較爲恢大焉」。

白沙書院創建者曾曰瑛，字芝田，江西南昌人，例監生出身，《彰化縣志》卷三官秩志曾予立傳，記述其創建白沙書院的經過甚詳，有云：「……曰瑛以彰化設治二十餘年，尚無書院，慮無以爲培養人材地，遂捐俸建書院於文廟之西偏。工既竣，曰瑛手訂規條，撥田租爲師生束脩膏火之費。名曰『白沙』，以彰化山川之秀，惟白沙爲冠，取其地以名之。落成時，爲詩以示諸生，感德至今不忘。曰瑛尋陞臺灣府，大有政聲，所至皆孜孜以造士爲懷，彰化文教之興，其權輿於此乎」。

傳內所稱曾氏「落成時，爲詩以示諸生」，其詩《彰化縣志》未載，惟余文儀《續修臺灣府志》有之，題爲「白沙書院示諸生（時書院新落成）」，詩云：

敢因小邑廢絃歌，講苑新開事切磋。誰謂英才蠻地少，原知高士海濱多。文章大塊花爭發，詩思淵泉水蔗波。他日應知化鄒魯，好從斷簡日編摹。[14]

大凡建築物之創建，主事者通常會留下碑記之類紀事，以存文獻，曾曰瑛所撰〈白沙書院記〉，未見於《彰化縣志》；幸乾隆十二年（1747）巡臺御史六十七（居魯）輯的《使署閒情》一書，錄有全文，爲白沙書院創建重要文獻，足補縣志之缺，茲錄如次：

---

14 周元文，〈詩（三）〉，《重修臺灣府志·卷二十五　藝文（六）》，頁797。

　　白沙書院者，乃余新闢之書院，請名兩巡方聞之執
政，而以教育多士之秀者也。夫古之爲教，家有塾、黨有
庠、術有序、國有學，儲才育賢之方至備；其爲道似紆，
而其收效甚大。有牧民之責者，固宜視爲急務焉。

　　彰化爲諸羅分邑，肇於雍正二年。雖建置未久，而
田疇漸闢，村社繁衍、市肆駢集，已成臺北都會之區；子
弟之書升掄秀者，亦不乏其人。惟是風俗未淳，教化有
待。余於乙丑春，奉命分符北路。菲任未閱月，更委攝
彰篆。目擊富庶之形，不禁喟然歎曰：「是曷可以無教
乎！」夫欲昌明大道、丕變民風，設教須自上始。我國家
重熙累洽，仁漸義摩；薄海內外，共沾雅化。彰之士庶同
沐薰陶，苟得經明行修者爲之師，廣集群英，相舉朝夕講
論，其人文蔚起也更易。惜邑無講學所；余不自量，捐俸
百二十金，命縣尉朱江鳩工庀材，創立講堂三間，附於學
宮之右。時諸生潘仁、吳學簡、蕭朝宣等聞而踴躍，更共
捐二百金整垣治宇，規模略備。計自乙丑年十一月，迄丙
寅三月而落成；延明經王君宗岱入院掌教。復查出學田
五十二甲六分，年收餘租銀六十六兩七錢二分；又續墾田
九甲，年得租穀五十四石：陳明大吏，均撥歸書院，爲師
生膏火。

　　諸生因請記於余。余未優而仕，夫何記。雖然，願
有曷。考之《周禮》：黨正各掌其黨之政令教治，孟月屬
民讀法。蓋政本以教爲先，誘掖獎勸以導之、從容涵詠以
待之，非可徒恃法制禁令，亦非可苟且責成旦夕也。竊怪
今之學者，讀書不窮義旨，尚以帖括爲工，德行廢而弗

講：安望行修名立，化於鄉里、施於政治哉！吾願多士宅心詩書道德，潛修實踐，勿事浮華，以爲發政施令之基。其薰陶培養，則又賴於後之君子。爰書以爲記。[15]

　　曾氏的這篇院誌，似曾刻碑立於書院內，范咸與六十七等重修《臺灣府志》時因不及纂入，遂由六十七收入《使署閒情》書中，而得以流傳至今。

## （三）歷次修建紀事

　　書院創建十四年後，首次出現修繕紀錄，即乾隆二年（1759），有彰化知縣張世珍的重修，此役除見諸《彰化縣志》卷四學校志「白沙書院」條下所記，全志卷三官秩志亦有相應的紀錄，稱「張世珍，陝西臨潼人，進士，乾隆二十年調任彰邑，下車伊始，即毅然以興利除弊爲己任。……　修學署、書院、明倫堂，鳩工庀材，日不暇給，費靡白金萬計，世珍皆力任之，而不憚煩。」

　　乾隆五十一年（1786），彰化發生天地會黨林爽文抗清事變，前後三年始告平定。起事之初，林黨佔領彰化城，建元順天，白沙書院燬於此一戰役。林爽文之變，上述學校志稱「五十一年，被亂焚燬，知縣宋興灝改建於文祠之西。」一事，檢《彰化縣志》卷三官秩志宋學灝傳卻無相關記載，僅稱「林逆甫平，邑內文武衙署及街巷民屋焚燬迨盡，學灝抵任後，即請帑營建，備極勞瘁。」當是彰化甫經戰火，百廢待興，各種衙署皆賴宋氏的營建，名目繁多，故而傳中遂未一一開列。

---

15　六十七，〈雜著（二）〉，《使署閒情・卷四》，頁125。

白沙書院學規十二條　　楊桂森

一讀書以力行為先聖賢千言萬語無非教人孝順父母尊敬長上父母吾根本也兄弟吾手足也凡讀一句孝弟之書便要將這孝弟事體貼在自己身上古人如何孝弟我便依照學將去始初勉強漸漸熟習自然天理融洽自已此就是聖賢地位所謂人皆可為堯舜也切無視道為高遠自已菲薄又切不可圖空讀書籍不留心體貼致失聖賢立教之旨

一讀書以立品為重立品莫如嚴義利之辨試思伯夷

▲《彰化縣志》白沙書院學規，為楊桂森手訂。

書籍
欽定學政全書一部二十四本
欽定國子監則例一部六本
御論一部二本
聖諭廣訓一部一本
欽定周易折中一部十六本
欽定書經傳說一部十八本
欽定詩經傳說一部二十四本
欽定古文淵鑑一部四十八本

▲《彰化縣志》藏書。

宋學灝之改建白沙書院，民間經費捐輸，爲重要支柱，《彰化縣志》卷八人物志曾玉音傳，留有相關線索，有云：「曾玉音，字文璿，嘉慶癸酉歲貢。……生平樂施，見義必爲，……於邑則捐修聖廟、文祠、書院、學署、城寨、倉廠，靡不贊成。」傳中敘此事於曾氏「林逆之亂，挈眷避賊，旅次喪母」之後，乾隆六十年（1795），陳周全案「倡義復城，以軍功加八品銜」之前，可知曾氏的捐修書院，實與知縣宋學灝改建白沙書院同屬一事。

乾隆末年的改建，除規模更爲擴大外，白沙書院學租，又得業戶張振萬（張達京）捐置，經費更爲充裕，《彰化縣志》有云：

一、在貓霧捒保，土名凹餅莊，……雍正六年知縣張啓聲置。

二、在貓霧捒保，土名阿河巴莊，計下則田一段，內除完納正供耗羨勻丁等費外，實徵租銀六十兩。乾隆□年，業戶張振萬名下張達京捐置。

書院動支費項，每年就戶總經管，收取學租銀二百零一兩二錢，繳送在署。書院經管書，按月填簿請領，發給膏火。其費用不敷，係本縣捐俸發給料理。[16]

嘉慶二十一年（1816），署彰化知縣吳性誠再擴建白沙書院，據《彰化縣志》卷三官秩志云：「吳性誠，號樸庵，湖北黃安廩貢。……二十一年正月，署彰化縣事。……又以邑內文昌祠、書院舊制狹隘，學署經林逆之亂，許久未建，倡議捐

---

修，費糜鉅萬，民效子來。[17]」此次擴建，鹿港富紳林文濬出力尤多，全志卷八人物志云：「林文濬，字金伯，泉州永凝衛人。……文濬克承先志，力敦義舉。……在彰尤多建立倡造，縣城改建、文昌閣重新、白沙書院、學署新建……或獨建、或倡捐，皆不吝多貲以成事。[18]」考《彰化縣志》卷五祀典志，文昌祠曾於嘉慶二十一年（1816）經知縣吳性誠捐俸倡建，而以紳士林文濬、羅桂芳等董其事[19]，可見林文濬傳中所敘新建白沙書院為嘉慶二十一年擴建事。

## （四）楊桂森手訂學規

宋代大儒朱文公（熹）於淳熙六年（1667）手訂〈白鹿洞學規〉，揭示書院教育宗旨，而閩中為文公過化之地，故受其影響最深，所有的學規多係仿效白鹿洞而製，臺灣書院的規制，多取法福州鰲峰書院，白沙書院亦同。

白沙書院創建於乾隆十年（1745），當時淡水同知兼攝彰化知縣曾曰瑛即曾〈手訂規條〉，但此一學規久佚，故《彰化縣志》未予收錄，內容如何，不得而知。

嘉慶十五年（1810），楊桂森任彰化知縣，又撰〈白沙書院學規〉九條以勗勉諸生，迄今尚存，允為白沙書院的重要文獻，茲迻錄全文如次：

一、讀書以力行為先：聖賢千言萬語，無非教人孝順父母，尊敬長上。父母，吾根本也。兄弟，吾手足也。凡讀一句孝弟之書，便要將這孝弟事，體貼在

---

17 周璽，〈列傳〉，《彰化縣志·卷三 官秩志》，頁100。
18 周璽，〈行誼〉，《彰化縣志·卷八 人物志》，頁242。
19 周璽，〈祠廟〉，《彰化縣志·卷五 祀典志》，頁152。

自己身上。古人如何孝弟，我便照依學將去。始初
勉強，漸漸熟習，自然天理融洽，自己也就是聖賢
地位。所謂人皆可爲堯舜也，切毋視道爲高遠，自
己菲薄。又切不可囫圇空讀書籍，不留心體貼，致
失聖賢立教之旨。

二、讀書以立品爲重：立品莫如嚴義利之辨。試思伯
　　夷、叔齊，何以能留芳千古？不過於義利辨得明，
　　雖死而不改其節，所以傳也。讀雞鳴而起一章，
　　要想到舜、蹠之辨。有一念爭財謀利之心，便是盜
　　蹠；有一念矜名重節之心，便是聖賢。若口讀詩
　　書，心想銀錢，是盜蹠也。要占便宜，只顧自己，
　　亦是盜蹠也。欲嚴義利，莫如忍、莫如讓。如窮
　　苦，要忍得住，毋去騙人、磕人錢財、田產，且讓
　　一番，不可爭競。總是我輩念書人，要將氣骨得
　　住，毋爲銀銀所害，便是身立千仞之上。即如秀
　　才、童生，有一個鄉民，送你二百錢，做一張呈
　　子，斷斷不可做。此就是能嚴義辨利。舉此而推，
　　萬事可例也。

三、讀書以成物爲急：讀書人不是單管自己的事。譬
　　如我能孝弟，那些不讀書人，不知孝弟者，都要我
　　去勸導他。見他孝順父母，要誇獎他；見他忤逆父
　　母，要婉言勸戒他；見他愛財爭利，要把聖賢道理
　　解他。他見覽曉得古今興亡得失忠佞之辨，自己便
　　有經濟，臨事自有決斷，有把持。

四、讀八比文：成化之渾穆，正、嘉之深厚闊大，隆、萬
　　之架取機法，啓、禎之精奧透闢，國初之渾偉雄壯，
　　要辨得體段出來。凡讀一家，要辨明一家眉目。畢竟

規模氣象，各有互異，不可粗心囫圇讀去。

五、讀賦：三都、兩京、子虛、上林，雄厚麗則之正規也。律賦始於唐，亦莫精於唐。宋人賦則單薄矣。讀者於古賦、律賦，俱要尋求正路，不可扯雜。

六、讀詩：五古要讀漢、魏、六朝，七古要讀杜甫、溫庭筠，五、七律要讀初唐，五、七排律莫盛大於本朝制作明備之時，亦多士之幸也，其勉之！

七、作全篇以上者之學規：如上燈時，讀名家新文半篇，舊文一篇，漢文十行，律賦二韻，五排詩一首。讀熟畢，再將次早所應佩背之四書經書，本本讀熟，登於書程簿內，方可睡去。次早，將昨晚所讀之文章詩賦，四書經書，誦朗熟詠，務須讀得極熟始去。先生講案，逐本背誦。既背後，學晉唐法帖百字。寫字後，看四書二章、約二十行；經書約二十行。有疑義，問先生。疑既晰矣，須掩卷，在先生講案，將所看四書經書，添虛字活字於白文，順義講去。既講後，抄大家文、古文、賦、詩、各一篇。抄畢，請先生講解，然後散學。晚間念書如前功。次早仍照前功背誦。既背後，請先生命題，須將題義細求其所以然，尋其層次，尋其虛實，然後布一篇之局，分前後、淺深、開合而成篇，務須即日交卷。交卷後散學，仍夜讀如前功。凡單日講書，凡雙日作文。此方有效。其所讀之經書，須本數分得多，篇數撥得少，行數讀得少。如詩經，分作五本讀。每本每日讀三、四行即可也。

八、作起講或半篇之學規：早午晚之學規，及單日講書，雙日作文字，仍如作全篇者之學規。

九、六七歲未作文者之學規：先教之以讀弟子職，使知
　　灑掃應對進退起坐之禮。其所讀書，務須連前三日
　　併讀。仍須多分本數。一本不過二十篇。每本每日
　　讀至五行，使一本書於一月內外迴頭，便易熟。并
　　題須隨讀隨講。其寫字先學寫一寸以上之大字。其
　　讀四書，讀起時即連細註并讀。凡讀詩經、書經，
　　隨章添讀小序。其答經中註解，擇其解字者讀之，
　　不過十分取一、二也。學庸註全讀，論語註讀十分
　　之七，孟子註讀十分之五，經註讀十分之一、二。
　　蒙以養正，聖功也，果行育德其毋忽![20]

　　統觀學規內容，前三條即以人格教育爲該院首要宗旨，以
次六條，則均爲讀書與作文方法之指導，尤以第五條所列，不
啻爲一份當日院內生童的作息課程表，彌足珍貴。最末一條爲
「六七歲未作文者之學規」，則可斷言該院亦收有六、七歲童
生，惟此僅屬附屬性質，其幼童來源，據徐宗幹〈考試示諭〉
有云：「幼童默三經以上者，除取進外，餘選取若干，另冊發
書院註冊，按期飭學官背誦或作文，或全篇、或半篇，各從其
便，佳者給外課膏火。」[21] 由此可見，第八條學規「作起講或
半篇之學規」所指，即此種幼童肄業到達某種程度後的初學作
文而言。

　　其次，臺灣自清乾隆五年（1740），分巡臺灣道劉良璧手
訂海東書院學規六條以來，各地書院先後繼起，內容雖不盡相
同，而文字深奧，則大體是一致的，唯獨楊氏所撰，能打破傳
統窠臼，代以口語化文字，侃侃而談，深入淺出，不厭其詳，

20　周璽，〈書院〉，《彰化縣志・卷四　學校志》，頁143。
21　丁曰健，〈斯未信齋文集〉，《治臺必告錄・卷五》，頁377。

務期使肄業生童易於接受爲原則，此即白沙書院學規的最大特色。

　　爲有所比較起見，茲選錄劉氏海東書院學規二條如次：

一、明大義：聖賢立教，不外綱常；而君臣之義爲達道之首，所以扶持宇宙爲尤重。臺地僻處海表，自收入版圖以來，秀者習詩書、樸者勤稼穡。而讀書之士，知尊君親上，則能謹守法度，體國奉公；醇儒名臣，由此以出。雖田夫野老有所觀感興起，海外頑梗之風，何至復萌。

二、正文體：自明以帖括取士，成、弘爲上，隆、萬次之，啓、禎又次之。我朝文運昌明，名公巨篇，汗牛充棟；或兼收博採，或獨宗一家。雖各隨風氣爲轉移，而理必程、朱，法則先正，不能易也。夫不仰泰山，誤止狙猊之高；不窮典謨，妄誇諸子之陋。諸生取法宜正，立言無陂。[22]

　　「明大義」即楊氏的「讀書以力行爲先」，「正文體」則與「讀八比文」相同，兩院學規相較之下，即可發現楊氏的用心所在，蓋渠爲翰林院庶吉士出身，文字駕馭，原爲所擅，《彰化縣志》卷十二〈藝文志〉所收〈履任告誡隍文〉、〈祈雨告龍神文〉、〈制聖廟禮樂器記〉、〈建明倫堂記〉、〈刊文昌帝君孝經序〉諸篇，即其明證，惟獨頒訂學規，卻捨冠冕堂皇的表面文章而不爲，反以淺白實用爲主，此點正是白沙書院學規的可貴之處。

---

22 劉良璧，〈（附）海東書院學規〉，《重修福建臺灣府志·海東書院記　楊二酉》（附）海東書院學規，頁560。

白沙書院學規自楊桂森頒行以降，不僅該院生童奉爲圭臬，對於各地書院教育，影響亦極爲深遠，如南投市藍田書院、草屯鎮登瀛書院，即可能亦奉此學規，據〈南投縣教育志稿〉云：「……南投義學乃爲藍田書院、登瀛書院；北投義學乃爲登瀛書院。……惟其學規，可能仍循白沙書院也。」

不僅臺灣中部如此，甚至遠處噶瑪蘭廳（宜蘭）的仰山書院，亦未另撰學規，而以乾隆二十四年（1759），分巡臺灣道覺羅四明所勘定的海東書院學規暨楊氏白沙書院學規合用，前者節錄其第三條「敦實行」、第四條「看書理」、第五條「正文體」、第六條「崇詩學」，後者節錄其第二條「讀書以立品爲重」、第三條「讀書以成物爲急」，而成仰山書院學規[23]，此爲受白沙書院學規影響的又一事例。

## （五）戴案易名及日治初拆毀

清同治元年（1862），彰化八卦會黨戴萬生起兵抗清，三月十九夜，黨眾攻陷彰化縣城。二十日，戴入城，自稱大元帥，以下論功行賞，各賜官封爵。同時，改白沙書院爲「應天局」[24]。其命名旨趣，大約取《易經》：「湯武革命，順天應人」之義。

戴黨設「應天局」的主要目的，乃是以此作爲向民間抽銀、派飯的執行機構。據林豪《東瀛紀事》卷上云：「……設應天局於書院，以蔡茂豬爲備糧使司，辦理局務兼內閣事務；以魏得爲內閣中書。於是抽銀、派飯，民不堪命！時城中文武俱羈拘總局。」可知蓺於「應天局」以「辦理局務兼內閣事

---

23　余文儀，〈臺灣道兼提督學政覺羅四明勘定海東書院學規〉，《續修臺灣府志・卷八　學校／書院》，頁356。
24　吳德功，〈戴案紀略卷上〉，《戴施兩案紀略》，頁6。

務」者，為戴黨所封的「備糧使司」蔡茂豬（又作蔡知、蔡豬）與「內閣中書」魏得二人[25]。

　　蔡、魏二人除負有抽銀、派飯的任務外，還藉此「羈拘」被捕的「城中文武」。此等彰化縣內職官，《東瀛紀事》所載，姓名可考者為南投縣丞紐成標（後不屈死）、前任北路協副將夏汝賢一家（後俱受辱而死）以及守備游紹芳、千總呂騰蛟（二人後俱逃回鹿港）；另有二人姓名隱去，戴萬生以其官清，故皆送回鹿港。此二人據吳德功《戴案紀略》所載，一為高廷鏡，一為馬慶釗，俱為前任彰化知縣。又據同前書記載，被拘者尚有幕友候選經歷姚茲、臺灣道孔昭慈隨員軍功九品戴嚴厚二人（後俱不屈死）[26]，惟吳書以為「各官拘在金萬安局內」而非林書所記的「應天局」，此當為傳聞異辭的緣故，未知孰是？總之，不論白沙書院改設的「應天局」是否曾經羈拘各官，單憑恃「備糧使司」辦理抽銀、派飯一事，即可謂之斯文掃地矣。

　　彰化縣城至同治二年（1863）十二月三日，始經臺灣掛印總兵曾玉明、臺澎兵備道丁曰健、候補知府林占梅諸軍克復，佔據白沙書院的蔡茂豬，其下場則如《戴案紀略》所云：「偽糧官蔡豬，丁道令劊子手寸磔之。[27]」自同治元年（1862）三月，迄二年（1863）十二月，白沙書院易名為時幾達二年，可想而知此期院內學務必歸停頓，而使生童星散，誠為白沙書院的一大不幸。

　　光緒二十一年（1895），日人領臺，隨著教育制度的改變，白沙書院又歸荒廢，從此萬劫不復。初日人將彰化孔子廟

25　林豪，〈賊黨陷彰化縣〉，《東瀛紀事・卷上》，頁3。
26　林豪，〈賊黨陷彰化縣〉，《東瀛紀事・卷上》，頁3。
27　吳德功，〈戴案紀略卷中〉，《戴施兩案紀略》，頁45。

暫充警察署，迨明治三十年（1897）改設彰化公學校（即今中山國民小學前身）於此，曾將文昌祠、白沙書院充爲外地寄宿生宿舍，據彰化耆宿楊春木（前彰化縣議長，彰化公學校第十回畢業生）口述，謂彼在明治四十四年（1911）十二歲時，就讀彰化公學校時，曾與臺地聞人黃朝琴寄宿於此。

大正五年（1916），日人杉山靖憲所著《臺灣名勝舊蹟志》出版，書中列有「白沙書院」一條，敘述白沙書院沿革，此時書院殘跡內猶懸有前彰化知縣杜觀瀾（順天宛平人，原籍浙江會稽，監生，道光二年七月署。）匾聯，匾文如次：「正誼明道。道光癸未年葭月穀旦。彰化縣知縣杜觀瀾敬書。」癸未葭月，爲道光三年（1823）十一月。又聯云：「祝懷皇右之英，立言立功還立德；束身名教之地，希賢希聖更希天。」由杜觀瀾同時所立匾聯來看，是年白沙書院似曾有過小規模的興修，亦未可知。這些匾聯今恐已隨書院的拆毀，而同化劫灰矣。

另據《臺灣名勝舊蹟志》記載，白沙書院在當時已被「充爲彰化水道事務所」，似乎一直延續到日大正十二年（1923）拆毀爲止，是爲白沙書院的最後一段歷史。

大正十二年（1923），日人進行「市區改正」，大舉拆毀各地建築物，彰化城遂因此兩度遭受浩劫。當時的慘狀，據洪棄生〈荒城秋望〉詩有云：「……俯視城市半已荒，廛店拆毀成空場[28]。昔日飛甍樓觀地，今餘亂瓦埃道旁。廢殘雖已修，零落尚淒涼。無家無室千餘氓，散爲哀鴻之四方。」[29]又〈過彰化廢公園感賦〉詩亦云：「自從事事效歐美，街衢方罫劃井

---

28 原注：「後市區改正，城內城外拆毀人家逾千戶。」
29 洪棄生，〈七言古體〉，《寄鶴齋選集・詩選／詩（下）》，頁334。

里。遊吉毀家爲當途，晏嬰徙宅因近市。」[30]

白沙書院的教育功能既失，遂亦成爲此次「市區改正」之下的犧牲品，洪棄生又有〈過彰化東郭廢公園感賦八首〉詩，其一云：「風景依稀是白沙，畢逋今集海東鴉。夕陽未覺蕪城恨，春去春來照落花。」[31]就其夾註語氣而言，可知此時白沙書院業已拆毀，故謂之「前有白沙書院」也。

「市區改正」係以開闢道路爲主，故文昌祠仍然無恙，白沙書院則尚殘留若干屋宇，並未完全拆除，後經日人變賣爲街庄財產，因而引起彰化人士的憤恨。時宿儒黃臥松方假關帝廟後殿主持「崇文社」，按期向全臺騷人墨客徵文、徵詩，有感於此，乃以「保存古蹟非迷信論」爲題徵文。竹山張達修（篁川）亦有應徵之作，有云：「獨世之創異論者，謂保存古蹟即迷信之端，直欲打破保存之說而後快，甚有提倡變賣白沙書院之殘餘，拆毀文昌祠，以充街庄財產者。鳴呼！黃鐘毀棄，瓦釜雷鳴，道德淪亡，金錢作祟，吾不知創是說者，其居心何在也？」[32]從此，白沙書院遂消失於天壤之間，不僅爲彰化的不幸，亦爲臺灣書院教育史上的一項損失。

## （六）命名淵源探討

《彰化縣志》卷九〈風俗志〉士習有云：「彰城舊建白沙書院，按月課期，互相濯磨，以上副國家養士之隆，右

---

30 洪棄生，〈七言今體〉，《寄鶴齋選集・詩選／詩（下）》，頁364。
原注：「彰化本白沙地，故前有白沙書院。」

31 原注：「臺中拆毀四次，彰化亦有二次……彰化本白沙地，故前有白沙書院。」

32 見張達修《醉草園詩集》附文存，惟此文未署年月，經檢原稿，列於〈送陳玉磐之南洋序〉之後，《醉草園詩集》係按年編次，卷六所載，俱作於昭和五年（1930）庚午，中有〈送陳玉磐君之南洋〉一文，同作於是年。由此推之，則「保存古蹟非迷信論」亦爲同年的的作品，可知白沙書院殘餘的變賣，當在昭和五年或稍前。

文之化。或席豐好禮，或安貧守道，蒸蒸然不僅爲科舉之學矣。」[33] 字裡行間，已肯定白沙書院的教育功能，故有清一代，彰化文風鼎盛，人材輩出，無不仰賴白沙書院的薰陶培植，尤以開臺翰林曾維楨的成就，更堪傲視全臺[34]。又嘉慶年間，彰化知縣錢燕喜的〈觀風告示〉有「況夫聖化涵濡，白沙院之薰陶已久，繼以人師啓翼，凹餅莊之潤澤方長。」[35] 等語，以白沙書院爲則例，亦可概見該院對彰化文教影響之一斑。

至於白沙書院的命名動機，據《彰化縣志》的說法，乃曾日瑛「以彰化山川之秀，以白沙爲冠，取其地以名之。」「蓋取白沙山川之秀，爲邑治遙拱，主人材蔚起之象。」[36] 以地名爲書院之名，本極爲單純，惟馬肇選《臺灣書院小史》卻認爲：

> 根據鹿港文開書院之紀念鄞縣（浙學）沈光文（文開先生），以及宜蘭仰山書院之紀念將樂（閩學）楊時（龜山先生），疑白沙書院係紀念新會（粵學）之陳獻章（白沙先生）。因爲上述兩書院與白沙書院關係至爲密

---

33 周璽，〈漢俗〉，《彰化縣志・卷九 風俗志》，頁289。
34 有清一代，臺灣籍翰林有三，彰化即得其二。進士三十一人，彰化即得九人，僅次於臺灣縣（安平縣）的十一人（俱以謝浩據清代進士榜籍貫而編的「清代臺灣進士表」爲準）又馬肇選《臺灣書院小史》謂：「……如參與縣志總理志局事的恩貢生曾拔萃君，與擔任採訪的生員李鳳翔，和擔任監刻的監生曾廷紀君，都出身白沙書院。……而更有趣的，是曾任明志書院山長的鄭用錫君、郭成金君，他們幼年都曾在白沙書院受教過。……另有林文湊君，他本人曾附讀白沙書院，他的子孫也多在白沙書院肄業」僅知其中曾拔萃肄業白沙書院，係自曾家口碑而來，餘諸人出處如何，不得而知。又考《彰化縣志》卷三 官制列傳云：「吳惟誠……（嘉慶）二十一年正月，署彰化縣事。……課士有知人之目，所首拔者，登科第、入詞垣。」而詞垣一詞原係翰林院的別稱，因道光年間曾維楨爲彰邑唯一入翰林者，故可確知渠亦曾肄業白沙書院，於知縣吳性誠課士，經「首拔」者。
35 周璽，〈漢俗〉，《彰化縣志・卷九 風俗志》，頁427。
36 周璽，〈山川〉，《彰化縣志・卷一 封域志》，頁9。

切，其規模、學規均取法乎後者，這命名亦可能是某種倣效或暗示。因為在復明的諱忌下，以地名訛作院名的解釋，當有某種不得已的苦衷，但前二者不發生問題，一係「留」臺之明遺老，一係宋朝的儒學大師。這第二個原因，是當時彰化的粵籍讀書人已經不少，時常發生請配「粵額」的要求，而且乾隆九年開彰化縣功名之例，即所謂「登解額」首中舉人的黃師琬，雖然記屬「閩額」，但是他的祖籍卻是潮州府的海陽人，道道地地的粵籍，這在當時，當然是教育上的一大壓力，許是為了這個原因，既可平息士子的「意氣」，又孕育了某種追遠之至意，祇是不便、不能、不敢或是不願詳細解說。是命名之際，亦曾考慮到「閩粵分類」的械鬥，乃以地名作為「化之」，而且同時化解了清朝的猜疑，這都有可能。總之，筆者不甚信單憑地名以定院名之說。為什麼呢？因為白沙坑既不是彰化的名勝，亦非屬險要，在當時的「風水」觀念，並沒有「主人材蔚起之象」。

由表面觀之，或許言之成理，然經略加探討，即發現此說不足憑信，當然更談不上「當有某種不得已的苦衷」，何以見得？蓋白沙先生陳獻章為明正統間人，萬曆十二年（1584）從祀孔廟，歷經清代迄今。其一生以講學為職志，且生當正統間，與後來的南明無涉，若白沙書院果真為紀念白沙先生而名，絕無「復明的諱忌」，大可名正言順，公開宣揚，實犯不著「以地名訛作院名的解釋」。

至於清代臺灣士子的應鄉試，雖有「閩、粵解額」之分，但此為清道光八年（1828）以後的事例，是年閩浙總督孫爾準因臺士郭開榮等請加解額，而題准於閩省中額三名之外另編

「田」字號，加設粵籍中額一名，後爲定例。在此以前，臺灣的粵籍生附於閩省內，一體取中[37]，不限定額，即使是後來的加設粵籍中額一名，也含有保障粵籍名額之意。故當清乾隆十年（1745）建白沙書院時，臺灣解額尚無閩、粵之分，粵籍人士絕無「請配粵額的要求」之理，當然更不會造成「教育上的一的壓力」，那麼曾曰瑛也就無藉書院命名以安撫粵人的必要。

再以所謂「閩學」、「浙學」、「粵學」而言之，宜蘭仰山書院雖有紀念將樂楊龜山之意，但此則因當地龜山形勝的誘導，絕非是基於「閩學」的緣故。至於文開書院的命名，係爲紀念臺灣文獻初祖，純屬追本溯源之意，亦非「浙學」的緣故，否則大可以「浙學」中，俱名滿天下，從祀孔廟的王守仁（浙江餘姚人）與劉宗周（浙江山陰人）爲名，明乎此理，則「閩學」、「浙學」、「粵學」之說，即無法成立。

白沙坑的地理形勢，馬肇選認爲「既不是彰化名勝，亦非屬險要」，固然是事實，但所謂「在當時的『風水』觀念上，並沒有『主人材蔚起之象』」之說，就不無商榷的餘地。蓋風水地理之說，見仁見智，在現代固然爲許多人斥爲無稽、迷信，而探討歷史眞相，卻不能以今日的標準，來衡量古人的行爲，否則就未免失之武斷。

堪輿之術，起源甚古，自秦樗里子、漢青烏先生、晉郭璞之後，各朝各代，上至帝王將相，下至販夫走卒，多深信不疑，時地俱遠者，姑且不論，僅就彰化地區而言，嘉慶三年（1798），知縣胡應魁以邑之主山名八卦山，但「一至其處，見山勢橫亙，無主峰，乃喟然曰：『無主則亂，邑之不靖，其以是夫？』」[38]故乃於署後建太極亭以爲補救之道。嘉慶十六

37　周璽，〈選舉〉，《彰化縣志・卷八　人物志》，頁229。
38　劉枝萬，〈太極亭碑記〉，《臺灣中部碑文集成・甲、記》，頁11。

年（1811），知縣楊桂森分俸倡捐興建縣城，並親爲「兼籌形式」，結果：「依舊址而窺之，似葫蘆吸露之樣。以地勢而相之，若蜈蚣照珠之形」[39]。光緒十三年（1887），臺灣建省，彰化縣紳士蔡德芳等請建省會於鹿港，旋遭巡撫劉銘傳的批駁，說是「省城形勢，有關全臺氣運，必須相其陰陽、觀其流泉。如擇定處所，或有凶砂惡水，來龍不眞，或山水陰陽不交，不成格局，均可由地方紳士知堪輿者一一指駁。」[40]劉氏撫臺期間，致力於各種現代化的建設，觀念十分新穎，尚且有上述風水之說，更遑論其餘矣。

唐朝時有楊筠松者，字叔茂，竇州人，僖宗朝官至金紫光祿大夫，掌靈臺地理事，後避黃巢之亂流寓江西，以地理術行於世，人稱救貧先生，著有《疑龍經》、《撼龍經》、《立錐賦》、《青囊經》、《三十六龍》等書，爲三元地理的開山祖師。楊氏在贛弟子甚多，中以寧都人曾文遄最爲有名，曾氏子孫家學相傳，故國內的堪輿之學以江西最盛，江西又以曾氏最著，如前全國堪輿協會理事長曾子南，即江西曾氏後裔。白沙書院的創建暨命名者曾曰瑛，不僅姓曾且亦江西人，如此巧合，可能亦有所淵源，證以《彰化縣志》所載，曾氏「以彰化山川之秀，以白沙爲冠，取其地以名之」，愈覺可信。由上述胡應魁、楊桂森、劉銘傳等事例而推，足見清代官憲風水地理的重視，加以曾曰瑛姓氏、籍貫的巧合，則吾人生當今日，爲能認爲「在當時的『風水』觀念上，並沒有『主人材蔚起之象』」的最佳見證，反之倒要佩服曾曰瑛的先見之明。

總之，白沙書院的命名，絕與白沙先生陳獻章無涉，容或

---

39 周璽，〈城池〉，《彰化縣志·卷二 規制志》，頁35。
40 〈臺灣府行知巡撫劉銘傳批駁彰化縣紳士蔡德芳等請建省會於鹿港〉，《劉銘傳撫臺前後檔案》，頁102。

有之，也僅止於地方巧合的誘導而已，並無特殊意義。由《彰化縣志》兩言命名旨趣，一再強調與「白沙坑山」的「山川之秀」有關[41]，皆不及於白沙先生，可證後人的望文生義之說顯屬多餘。何況白沙先生以所居「白沙里」得名，而白沙書院則以「白沙坑山」得名，先後輝映，誰曰不宜？

## 二、空中樓閣──正音書院

清雍正六年（1728），因雍正帝召見閩粵臣工，屢發生語言隔閡，特頒布上諭一道「諭閩廣正鄉音」，期望各府、州、縣有司及教官能「多方教導，務期語言明白」，有云：

> ……朕每引見大小臣工，凡陳奏履歷之時，惟有福建、廣東兩省之人仍係鄉音，不可通曉。夫伊等以現登仕籍之人，經赴部演禮之後，其敷奏對揚，尚有不可通曉之語，則赴任他省，又安能於宣讀訓諭、審斷詞訟，皆歷歷清楚，使小民共知而共解乎？官兵上下言語不通，必使吏胥從中代爲傳述，於是添飾假借，百弊叢生，而事理之貽

---

41 馬肇選以《彰化縣志·卷一 形勝》，「虎巖」條下，有「曰沙坑內虎山巖也」的記載，「問之邑耆」，「多說是該地又叫沙坑，也叫沙墩山」，因爲「頗疑白沙兩字之命名，『猶』有所指，」（見《臺灣書院小史》頁56），言下大有白沙坑原名「沙坑」，仍爲配合白沙書院的命名，而改名今名之意。甚至行文之中，也將《彰化縣志》卷四 學校志所載「達社，在白沙坑」逕記爲「彰邑沙坑的達社」（馬書頁73）。其實「曰沙坑」之「曰」字，純屬「白」字的手民之誤，原刊本類此情形比比皆是，不值得因此而藉題發揮，否則同卷「虎巖」之下的「龍井」一條「蛇仔崙龍目井也」，豈不應寫作「曰蛇仔崙龍目井也」，方能與上文的氣語連貫。且各卷一焉能例外。又以「白沙」爲地名者，各地皆有，如白沙先生所居名「白沙里」；明鄭臣官楊英於明永曆四年（1650），從鄭成功南下勤王，至「白沙湖」遇颶，事見楊著《從征實錄》；臺灣北部有「白沙墩」、澎湖有「白沙灣」，可見彰化的白沙坑，當是由大陸沿海移民承襲故里地名而命名，即使今日有「又叫沙坑，也叫沙墩山」之說，也只能算是簡稱或訛誤，決不致因清乾隆十年（1745）白沙書院的命名，而有改「沙坑」爲「白沙坑」之舉。

誤者多矣。且此二省之人，其語言既不可通曉，不但伊等歷任他省，不能深悉下民之情，即伊等身爲編氓，亦必不能明白官長之意，是上下之情扞格不通，其爲不便實甚。但語言自幼習成，驟難改易，必徐加訓導，庶幾歷久可通。應令福建、廣東兩省督、撫，轉飭所屬各府、州、縣有司及教官，遍爲傳示，多方教導，務期語言明白，使人通曉，不得仍前習爲鄉音，則伊等將來引見殿陛，奏對可得詳明，而出仕地方，民情亦易於通達矣。[42]

語言之學習，須賴長期的訓練，並非一蹴可及，府縣官員以及教官「多方教導」的辦法，唯有建立書院，專責養成。有了這道上諭，地方不敢怠慢，次年，立刻遵此諭旨在臺灣的四個縣設立正音書院，見諸《福建臺灣府志》記載：

臺灣縣正音書院：在縣治左，雍正七年奉文設。
鳳山縣正音書院：在縣治東門內，雍正七年奉文設。
諸羅縣正音書院：在縣治東南，雍正七年奉文設。
彰化縣正音書院：□□□□□□。[43]

正音書院，顧名思義，以教授官音（北京話）爲主，然而科舉時代的臺灣，考取秀才、舉人已屬不易，但這階段還用不到官音；可能用到官音的進士，三年一科，臺灣無保障名額，雍正年間至乾隆三十年，只有諸羅王克捷一人考取，因此正音書院的設立，其目的彷彿空中樓閣，可望不可及，難免有招收

42 劉良璧，〈卷首　聖謨〉，《重修福建臺灣府志》，頁24。
43 劉良璧，〈書院（社學附）〉，《重修福建臺灣府志・卷十一　學校》，頁332。

不到學生的窘境。《續修臺灣縣志》記載：「又有正音書院，在東安坊舊縣署之左，雍正七年建，尋廢。」這「尋廢」兩字，反映了正音書院廢棄之速。

《福建臺灣府志》臚列四縣正音書院，臺灣、鳳山、諸羅三縣，都有設立時間地點，惟獨彰化縣資料從缺，推測劉良璧修志時，彰化縣正音書院已依既定計畫正在籌建，詎料三縣建成旋廢，因此並未在劉志出版之後完成，徒留其名。

## 三、功敗垂成──主靜書院

嘉慶十五年正月，雲南石屏翰林楊桂森（字蓉初），補彰化知縣[44]。任內建樹良多，如改建彰化縣城爲磚城，建定軍寨於八卦山，建義倉、書院，春秋釋奠之禮樂之樂器，次第修舉。去後民思其德，入祀本邑名宦祠。[45]

楊桂森之與彰化書院，以手訂白沙書院學規最著；其次，則是主靜書院的籌建，舊志所謂「建義倉、書院」，實指此而言，且義倉、書院兩建築同時並舉，爲一體之兩面。《彰化縣志》學校志云：「主靜書院，在南門外演武廳后，即舊倉廠也。嘉慶十六年，知縣楊桂森以倉廠易建在縣署後，欲將此地改立爲義學，置租延師，令貧士課讀其中，以終養去中報。」[46]楊桂森遷建南門外演武廳後的義倉於縣署後，以原址興建義學性質的主靜書院，以別於收納生員、童生的白沙書院，可惜隨著楊氏卸任，竟功虧一簣。

主靜書院的興建，《彰化縣志》除見諸學校志外，規制志

---

44　周璽，〈文秩〉，《彰化縣志‧卷三　官秩志》，頁76。
45　〈政績〉，《臺灣通志‧列傳》，頁451.
46　周璽，〈書院〉，《彰化縣志‧卷四　學校志》，頁143。

亦有相應紀錄：「一在半線保縣治東門外（計一十五間，康熙
五十二年諸邑令周鍾瑄建，後屢重修，嘉慶十六年，邑令楊桂
森移建城內，議改建主靜書院於此，後不果）。」[47]

關於主靜書院緣起，楊桂森有〈請建豐盈倉牒〉一文，有
詳盡之紀事，有云：「嘉慶十四年，奉前憲臺方，以倉在城外
不便支守，於捐建城垣摺內奏明，請將倉廠建於城內；仍由建
城紳士，一併辦理。十六年據紳士王松、林文濬、賴應光、楊
泰山等稟稱：倉廠關重，城垣已陸續成功，請將倉廠擇地速建
城內。當勘查得縣署後有空地一所，係職員黃文清地基。該職
員深知大義，情願將地呈送建倉，當於十二月十六日興工。其
地勢橫直各十六丈，共建倉二十八間。……再查舊倉數十間，
折變無益，該紳士等請修作主靜書院，培植人文，其籌備束脩
膏火，卑職應行倡成；以期海外文風蒸蒸日上，庶無負大人造
士作人至意。」[48]據此可知楊桂森推動主靜書院的背後，實賴
王松、林文濬、賴應光、楊泰山等紳董的財力支持。

主靜書院財力無虞，又有彰化知縣楊桂森熱心籌建，水
到渠成，指日可期，不料，楊氏於嘉慶十七年九月「以終養
去」[49]，繼任者不再支持書院興建，所留「主靜書院租」如次：

一、民人李榮、史順、林元等，共捐銀一千元，買置戴桂
　　壽茶亭會三圳墟田三段，共三甲零三釐一絲六忽；
　　帶竹圍一所，瓦房四間，草房七間。又五里徑田三
　　段，共三甲零四釐八毫三絲六忽；二共田六甲零七
　　釐八毫五絲二忽，年應納正供穀六石三斗零八勺。

47 周璽，〈倉廠〉，《彰化縣志・卷二　規制志》，頁38。
48 周璽，〈札牒〉，《彰化縣志・卷十二　藝文志》，頁399-400。
49 周璽，〈文秩／彰化縣知縣〉，《彰化縣志・卷三　官秩志》，頁76。

又納耗羨銀三錢二分三釐三毫，又納匀丁銀二錢六
分三釐六毫。又應納大肚中北社番通事大宇漢泰臨
口糧粟一十四石九斗二升四合八勺。又應納藍日晃
大租粟五石零四升六合四勺，俱係耕佃自完外，實
納書院租粟一百六十石。早晚季自運到倉完納，以
爲書院師生束脩膏火之用。其竹圍房屋，付佃居
住。[50]

此一書院租至道光十四年（1834），由在任之彰化知縣李
廷璧「撥歸白沙書院，每年加徵粟一百六十石」[51]，至是主靜
書院走入歷史。

## 四、化身國黌──螺青書院

北斗螺青書院創建於嘉慶八年（1803），當年屬於「東
螺保」。主祀文昌帝君，嘉慶十一年（1806）發生漳泉械鬥，
再加上東螺溪水患，螺青書院便毀於此。到嘉慶二十三年
（1817），才又經由本地士紳舉人楊啓元，及其弟楊調元、周
大觀及候選訓導胡克脩、羅桂芳等倡議重新修建，當時的鹿港
海防同知鄧傳安撰有一篇〈重脩螺青書院碑記〉，爲螺青書院
最具體的文獻，全文如次：

　　彰化縣南五十里，東、西螺兩保合建螺青書院，以
　　祀文昌帝君。日方於嘉慶八年癸亥。廟貌既煥，人文蔚
　　起。已而毀於兵、圮於水。至嘉慶二十二年丁丑，眾紳士

---

50　周璽，〈書院（社學附）〉，《彰化縣志·卷四　學校志》，頁147。
51　周璽，〈書院（社學附）〉，《彰化縣志·卷四　學校志》，頁147。

道光四年傳安爲鹿仔港同知巳二年矣勤於課士

士皆思奮因

文昌宮之左隙地甚寬請建書院其上傳安給疏引

諭以海外文教孽自寫賢鄧縣沈斯巷太僕光文字

文開者爰借其字定書院名以志有開必先焉工費

鋭鉅鳩庀不時又明年風鶴有驚軍書旁午傳安奉

檄權郡篆浹歲乃及瓜期士民喜其重來盆亟於

是役未幾而書院告成輪奐俱美講堂齋舍廓乎有

容規制渾堅信可經久傳安閱視甚歡將簽期鼓篋

1441

▲《彰化縣志》修建螺青書院碑記。

乃醵千餘金脩復。越五年而余來爲鹿港同知，楊茂才贊元乞文以記其事。

余謂非士子肄業之所而稱書院，得毋以文昌列在祀典、專司祿籍、爲讀書人發祥所自乎？今州縣學宮，即古之鄉學；城鄉或各建書院，即古術序黨庠之遺意。周禮：黨正有春秋祭禜之儀；祭法：幽禜，祭星也。文昌在天爲司中、司命之六星。自古德行道藝之書，必以孝弟爲首；後世於文昌之神，或求其人以實之，又權輿於雅詩之張仲孝友，然則書院之崇奉文昌宜也。

　　方今天下入仕，以讀書得科第爲正途。鄉會試糊名易書，衡文者從暗中摸索，以示至公；即使因文見道，僅能考其道藝，無由知其德行，此所以名實不相應，而競乞靈於冥漠也。苟念赫然在上之神，憑依在德，信而有徵，則歲時之薦馨，曷若夙夜之勵志；庠序之敬業，曷若門内之修行。上以實求，下以實應，人所仰服，即神所默佑，士習自不懈而及於古。孰謂螺青人物之自奮於山川和會者，徒博春夏絃誦三載賓興之名也哉？

　　莊斯舉者，舉人楊啓元、其弟廩膳生楊調元、附學生楊贊元、候選訓導胡克修、羅桂芳、附學生周大觀等；宜並書。[52]

　　依據文中所言，「余謂非士子肄業之所而稱書院，得毋以文昌列在祀典、專司祿籍、爲讀書人發祥所自乎？」可知該書院性質亦屬文昌祠而兼有教育功能者。書院荒廢之後，據傳即以原址興建爲螺青國小，繼續肩負地方文運的傳承，相關文物流落民間。爲地方文史工作者所珍藏。近年由東螺人文發展促進會推舉前北斗國中校長、現任林口啓智學校校長黃開成等爲螺青書院院長，找尋流落民間文物，未來將結合國中小學，傳承漢學、北管、詩社、書法等傳統學術文化。臺灣民俗文物協會理事洪雅昌，慨然捐出蒐藏數十年的文昌五聖夫子香位、書院銜牌等文物，在彰化北斗的東螺天后宮舉行捐贈儀式。

---

52 鄧傳安、沈太僕，〈重脩螺青書院碑記〉，《蠡測彙鈔》，頁37。

# 第四章　現存彰化書院

## 一、鹿港文開書院

　　文開書院，位在彰化縣鹿港鎮街尾里，與文武廟毗鄰，是清代官方所建的大型書院之一，前為前堂（即門廳），中為朱文公祠，再進為講堂，講堂而進，原有後堂，為山長所居，今已不存。文開書院建於清道光四年（1824），為當時駐鹿港兼理海防的北路理番同知鄧傳安捐廉倡建，用以紀念有「臺灣文

▲文開書院整修前的樣貌。

獻初祖」之稱的沈光文。因文開書院的創建具紀念意義，因此特以同時有功臺灣文教的寓賢八人配祀，為其一大特色。日治時期，曾被迫改為「北白川宮紀念堂」，因此在建築物上並未遭到嚴重的破壞。二次戰後，乏人管理也年久失修，中殿更淪為堆置木材的倉庫，而於一九七五年付諸一炬，而書院內的蒼涼落寞常成為古裝電影的拍攝場景。

## （一）鹿港同知鄧傳安創建

　　文開書院的興建，固晚於白沙書院，惟其竣工後未幾，恰逢《彰化縣志》設局纂修，時地兩近，為文開書院留存豐富史料。

　　《彰化縣志》首先於學校志〈書院〉條下記云：「文開書院，在鹿港新興街外左畔，與文武廟毗連，道光四年，同知鄧傳安倡建，中祀徽國朱子文公。兩旁以海外寓賢八人配享。講堂書室，前後門庭，規模甚為宏敞。[53]」新建書院以「文開」命名，以紀念「臺灣文獻推為初祖」的沈光文（字文開、號斯菴），已足一新耳目，「兩旁以海外寓賢八人配享」，尤為前人所無。書院竣工，例有碑記述其始末，俾存文獻，傳安亦不例外，親撰〈新建鹿仔港文開書院記〉，並作〈文開書院從祀議示鹿仔港紳士〉，均為文開書院重要史料。〈新建鹿仔港文開書院記〉全文如次：

　　　　道光四年，傳安為鹿仔港同知已二年矣；勤於課士，士皆思奮。因文昌宮之左隙地甚寬，請建書院其上；傳安給疏引勸諭。以海外文教肇自寓賢鄞縣沈斯菴太僕光

---

53　周璽，〈書院（社學附）〉，《彰化縣志・卷四　學校志》，頁143。

▲1975年付諸一炬，文開書院未整修前蒼涼落寞。

▲文開書院整修後的大殿。

文字文開者，爰借其字定書院名，以志有開必先焉。工費既鉅，鳩庀不時。又明年，風鶴有驚，軍書旁午，傳安奉檄權郡篆；浹歲乃及瓜期，士民喜其重來，益亟亟於是役。未幾而書院告成，輪奐俱美，講堂、齋舍廓乎有容；規制渾堅，信可經久。傳安閱視甚歡，將筮期鼓篋而先爲文以記。

考戴記，凡始立學者，必釋奠於先聖先師；凡釋奠者必有合也，有國故則否。說者謂先聖是作者、先師是述者。鄭注曰，國無先聖、先師，則釋奠當與鄰國合，若周有周公、魯有孔子，則不必合。今學宮奉孔子爲先聖，從祀者皆先師。書院多祀先師，而不敢祀先聖。閩中大儒以朱子爲最，故書院無不崇奉，海外亦然。若如鄭注，則惟建陽之祀朱子，可稱國故，餘皆所謂合也。臺灣至本朝康熙二十二年始入版圖，前此猶是荒服；豈有國故，不得不仰重於寓賢。傳安前以沈太僕表德名書院，已爲從祀朱子權輿；況太僕卒、葬俱在臺，子孫又家於臺，今雖未見斯庵詩集，而讀府志所載諸詩文，慨然慕焉，固國故之彰彰者也。

其先太僕而依鄭氏、後太僕而東渡亦設教於臺者，爲華亭徐都御史孚遠。成功嘗從徐公受學，渡臺後優禮過於太僕。公自歎如司馬長卿入夜郎之教盛覽，想當日海外從遊必有傑出若盛覽之人；惜府志不載，而僅見於全謝山鮚埼亭集中。今祀太僕，未可不祀徐都御史矣。府志所載，避地遯荒固不之人，而係戀故君故國、閱盡險阻艱難，百折不回如二公者，惟同安盧尚書若騰、惠安王侍郎

道光四年傳安爲鹿仔港同知巳二年矣勤於誘士
士皆思奮因
文昌宮之左隙地甚寬請建書院其上傳安給疏引勸
諭以海外文教拿自寓賢鄧縣沈斯菴太僕光文字
文開者爰借其字定書院名以志有開必先焉工費
既鉅鳩庇不時又明年風鶴有驚軍書旁午傳安奉
檄權郡篆浹歲乃及瓜期士民喜其重來益亟亟於
是役未幾而書院告成輪奐俱美講堂齋舍廓乎有
容規制渾堅信可經久傳安閱視甚歡將筮期鼓篋

1441

▲《彰化縣志》新建文開書院記。

忠孝、南安沈都御史佺期、揭陽辜都御史朝薦,並亟稱於鯱埼亭集;其郭都御史貞一,府志雖闕,可考鯱埼亭及海濱紀略以知其忠,當連類而祀之。至漳浦藍鹿洲鼎元,曾贊族兄元戎廷珍平朱一貴之亂,所著平臺紀略及東征集,仁義之言藹如,不但堪備掌故,以勞定國,祀典宜然。昔朱子諄諄以行仁義、存忠孝勉人,茲奉諸公粟主以配享,諒亦神明所深許也。諸公皆人師、非經師,遜業諸生,仰止前哲,更思立乎其大:不僅以科名重人,則長者藉書院成功,蒐羅遺佚,以補海外祀典,亦未嘗無小補也。

是役也，閱四歲而竣工。共費白金若干，以歸官閒田為膏火所資，計若干畝；當上其冊於大府，聞於當寧，定邀天語褒嘉，如行省鳳池書院之蒙特賜扁額、如江南宿遷鍾吾書院之蒙旌獎急公紳士矣。時傅安升補臺守，將行，善後事屬之來者；且因落成有記，並書樂輸諸姓名於碑陰。

此記依例當有勒碑，豎立文開書院內，惟未見實物留存，日治時期亦無採訪紀錄，故所言「書樂輸諸姓名於碑陰」事，乃隨之湮滅，當年鹿港紳民捐輸姓名，遂未能流傳後世。

## （二）配祀海外八賢

福建漳泉為宋儒朱文公過化之地，影響所及，臺灣書院多崇祀文昌帝君，而以朱文公從祀，從無以地緣關係之人物作為配祀者；文開書院開風氣之先，正殿祀朱文公，「兩旁以海外寓賢八人配享」，因書院建於鹿港文武廟左畔，不祀文昌帝君，可以理解，配祀海外寓賢八人（即同安盧若騰尚書、惠安王忠孝侍郎、南安沈佺期都御史、揭陽辜朝薦都御史、同安郭貞一都御史，漳浦藍鼎元知府），須有說帖，始能折服地方士紳，當然鄧傳安此舉，自有定見，所撰〈文開書院從祀議示鹿仔港紳士〉一文，詳予剖析，用意在此，文云：

書院必祀朱子，八閩之所同也。鹿仔港新建書院，傳安因向慕寓公鄞沈太僕光文，而借其敬名之字以定名；書院成，必以太僕配享徽國無疑矣。考太僕生平，根柢於忠孝，而發奮乎文章。其鄉人全謝山鮚埼亭集既為作傳，又序其詩，謂「咸淳人物，天將留之以啟窮徼之文明」。今之文人學士，可不因委溯原歟！

　　當日隨鄭氏渡臺與太僕並設教而人爭從遊者，則有名重幾社之華亭徐都御史孚遠；其忠孝同於太僕，甘心窮餓，百折不回者，則有同安盧尚書若騰、惠安王侍郎忠孝、南安沈都御史佺期、揭陽辜都御史朝薦、同安郭都御史貞一；其文章上追太僕兼著功績於臺灣者，則有漳浦藍知府鼎元；禮宜並祀。傳安已於麗牲之碑發其端，更爲引而伸之。蓋海外掌故，固考信於史乘，然以徐都御史之閉關從亡，鮚埼亭表章甚力，明史亦稱其遁入海、死於島中，而府志不載，急應補入。雖魯王實未渡臺，鮚埼亭不免誤信異聞，余曾婉爲辨證，未可因一端而疑其他皆無據矣。當沿海之不願遷界也，張蒼水尚書煌言以書招偽鄭乘機取閩南，並遺書徐、王、沈、曹諸公，力勸成功。及成功卒，遺老謀奉魯王監國，蒼水復以書約盧尚書以下，皆見於鮚埼亭蒼水神道碑中；若偽鄭之致敬於辜都御史同於盧、王、沈、徐諸公，又見於陳光祿傳中，惟譌「辜」爲「章」耳。是數子者，不但魯王之忠臣，亦偽鄭之諍友，不得以一字之誤而疑辜公，更不可因府志不載而略郭公也。

　　府志所載龍溪之李茂春，明末鄉薦，來臺居永康里；臺海外史亦繫名於隨鄭經東渡紳士之末。但志謂其日誦佛經，人稱爲「李菩薩」；似祇可入流寓傳，未宜配食徵國矣。

　　勝國遺臣，無論南都、江東及閩粵所除授，皆可結銜，文章體例宜然，亦聖朝顯忠遂良之至意。如府志以太僕繫鄞沈公、以副都御史繫南安沈公是已。乃盧公但稱甯

紹兵備道、王公但稱主事榷關，要是考核未精，並非自亂
其例。茲於府志所闕者，據鮚埼亭集以補，即志、集並載
者，亦以鮚埼亭爲憑。其藍鹿洲起自廢籍，署廣州府知
府，由世廟之立賢無方，更宜以結銜見殊遇，蓋其慎也。

全謝山於翁洲之成仁祠祀典，曾以議示定海令；大
滌山房之祀黃石齋先生，曾以議示杭守；是酌定典禮，必
慎厥初。今奉諸公粟主以祔食徽國，一隅之祀也；儻他處
亦倣而依之，焉知不藉此闡幽以通脀蜜於海島，爰書此以
示有事於書院者。[54]

文開書院配祀海外寓賢，爲臺灣教育史之破天荒，鄧傳
安雄於古文，條理分明，數年之後（即道光八年），署嘉義縣
教諭黃鈴讀其文，有文〈紀後〉，對於命名、配祀，均表示推
崇，有云：

文開者，明季寓賢沈太僕光文之表德；先生以臺人
知學由太僕，故假其字以名塾也。比三年，書院成，行釋
奠禮，則奉子朱子爲先師，而配以太僕及華亭徐都御史孚
遠、同安盧尚書若騰、惠安王侍郎忠孝、南安沈都御史佺
期、揭陽辜都御史朝薦、同安郭都御史貞一，而國朝漳浦
藍知府鼎元殿焉。既爲之記，又作從祀議以示之。之數賢
者，或係心故國而避迹炎荒，或橐筆戎行而立功徼外。乃
自太僕以下，迄於今百餘年，人至不能舉其姓名。其行事
閒見於私家傳記，而學者未能遍睹。卓卓如藍鹿洲，事遙

54 鄧傳安，〈文開書院從祀議示鹿仔港紳士〉，《蠡測彙鈔》，頁19-20。

▲文開書院正殿祀朱文公，兩旁以海外寓賢八人配享，為臺灣教育史之破天荒。

▲文開書院新製海外八賢牌位。

▲文開書院新製創建人
　鄧傳安牌位。

室遠，亦幾數典如忘。得先生搜茸而表揚之，然後揭日月
而行。

　　其後，鄧傳安於道光八年（1828）代理臺灣知府，又就郡
城的崇文書院五子祠，依鹿港文開書院之例，增奉海外八賢栗
主，率諸生入祀如儀[55]，增祀八賢事，由文開而影響崇文，爲
臺灣書院史所少見。

## （三）書院學租

　　白沙書院爲清代彰化縣最重要之書院，在彰化歷任知縣主
導之下，經費優渥，所建置學租亦頗爲充裕。而文開書院得力
於北路理番同知鄧傳安的支持，加以鹿港郊商財力雄厚，故無
論其規模、經費，均堪媲美白沙書院。

　　《彰化縣志》於文開書院留有詳細紀錄，爲該書院之重要
文獻，臚列如次：

<hr>

55　鄧傳安，〈附黃南村廣文紀後〉，《蠡測彙鈔·文開書院從祀議示鹿仔港紳
　　士》，頁20。

文開書院租

一在萬斗六社柳樹湳莊，勘出溢額屯田二十九甲七分。每甲年納額租八石。

一在坪藍莊勘出民田隘額田九甲七分，每甲年納額租八石。

一在後河厝莊田一段，一在海墘厝莊田一段，俱以番銀折租。

以上按田計租，每年額租應的粟三百零六石，除大租正供外，實的粟二百五十石。其田二段，實折租銀九十元。

一在許厝埔，係道光六年賊產充公，約計田租二百三十六石，除大租正供外，實收租粟一百九十石。房厝暨魚池等租，共番銀一百五十元。

一在馬芝保海邊厝西偏浮復之地五十甲。海邊地瘠，每甲年納額租四石，計年額租二百石，除大租正供外，實收租粟一百八十石，一並撥充為書院師生脩脯膏火之資。

一鹿港保橫車路街抄充許家瓦店一座，年收稅銀一十八元。又大街尾瓦店一座，年收稅銀二十四元。又大街中瓦店二座，年收稅銀一百元。又魚池一口，年收稅銀一十三元：每年通共應收稅銀一百五十五元。[56]

以上文開書院學租，為創院之初所建；鄧傳安仕途順利，在道光四年北路理番同知任內，因北路械鬥事件鎮撫有功，以鹿港同知代理臺灣府知府，任滿離臺，又於道光十年

56 周璽，〈書院（社學附）〉，《彰化縣志‧卷四　學校志》，頁148，「文開書院租」。

▲文開書院創建人鄧傳安柱聯落款。

（1830），任臺灣兵備道。臺灣兵備道是臺灣文職層級最高之
官員，鄧傳安係進士出身，所至之處，振興文教，孜孜不倦，
文開書院為其創建，自有特殊情感在，學租之建立愈豐，此由
道光二十七年（1847）該院公立「公業條款碑」，可見端倪：

署臺澎兵備道兼提督學政前北路理番海防分府鄧，籌建租
額：
　一、勘充貓羅保萬斗六莊六股寮全年額租二百三十六
　　　石，通報在案。
　一、勘充北投保大坪林莊全年額租，除被水崩，尚存
　　　實穀三十八石，通報在案。
　一、斷充後河厝園一段全年稅銀一百員、又海埔厝園
　　　一段稅銀一十員，通報在案。

一、抄充許厝埔田園二十八甲全年額租一百五十六石,通報在案。

一、抄充許厝埔店屋四座內大街店二座,經十六年店主王騰蛟叩蒙道、□兩憲准請別□外,尚存橫街仔瓦店一座稅銀一十八員;又三山國王下瓦店一座稅銀二十四員,通報在案。

一、斷充內轆莊全年額租二十八石、又草,厝全年額租一十五石,通報在案。

一、典□厝□王德業三宗全年額租六百五十九石,通報在案。

一、典大突社潘金桂社租全年稅銀二十三員五角、又租穀五石,通報在案。

一、典大街蘇廷鳳瓦店一座全年稅銀四十二員,通報在案。

特授臺灣北路理番海防分府陳,續建租額:

一、典大武郡莊全年額租一百六十餘石。

二、典港墘、岱馬兩莊全年額租一百二十六石零。

三、斷充海埔厝莊全年額租五十石。

通共全年額租一千五百七十三石、稅銀二百一十七元五角。

道光二十七年花月,文開書院公立[57]。

碑中籌建租額之「署臺澎兵備道兼提督學政前北路理番海

---

57 劉枝萬,〈文開書院公業條款碑〉,《臺灣中部碑文集成・丙、其他》,頁138-139。此碑現存,嵌於文開書院左前牆內。高200公分;寬64公分,花崗石。字跡明晰。

防分府鄧」，即為鄧傳安；續籌建租額之「特授臺灣北路理番海防分府陳」，當為北路理番同知兼鹿港海防同知陳盛韶，道光十三年（1833）署。

以上文開租額，值得注意的是出現數處由「典」而來之租，此即說明該院學租所得，在發給諸生膏火銀之外，仍有餘力接受民人之典租。文開書院既非個人，亦非業戶，乃有取得典租之主權，日治之初期，調查臺灣私法之物權，遂稱之為「物權之特別主體」，且得「典字」一例，如次：

> 立典字人業戶施泰昌，即施至坦，有承父遺下水租，在大武郡等莊。今因乏銀應用，托中陳清泉將水租穀四十四石向文開書院典出契面銀二百四十四大元，言約八年為限，聽坦贖回。保此租係坦自己物業，與旁親叔兄姪無干，亦無重張典掛他人及來歷不明為礙；如有不明，坦自應出首抵擋，不干銀主之事。其租額即日付與銀主掌管；其銀即日同中交收足訖。有舊欠租穀依半節相坐，贖回之日，亦當如數清還。此係二比兩願，各無反悔異言，今欲有憑，合立典契字一紙，付執為炤，行。
>
> 即日同中收過契面銀二百四十四大元完足，再炤，行。
>
> 再批明：銀主先須出中禮禮八元；贖時，典主自應坐還，再照。

佃名錄後：
一、佃賴委田四甲三分七釐七毛五絲。
一、佃朱福印頂觀生田五分五釐。
一、佃盧章田一甲八分，門前田二分。

一、佃盧允田五分五釐，又田二分六釐七毛三絲。

一、佃盧東田九分。

一、佃朱良代觀生田五分五釐。

一、佃胡定田六分。

一、共田九・七九四八甲，四五的租四四・○七六六石。

中見　陳清泉

道光十八年二月　日　　知見人功叔　脩輅

典契字人　施至坦[58]

　　此典契立於道光十八年（1838），所言學租田在「在大武郡等莊」，足與該院「在大武郡等莊」所載「典大武郡莊全年額租一百六十餘石」相印證，惟典契所載租額僅有四十四石，當是其中一部分。

## （四）北白川宮遺跡

　　光緒二十一年，臺灣割讓，日本海軍大將樺山資紀、北白川宮能久親王率軍登陸，抗日義軍蠡起。北白川宮所過之處，事後往往建立所謂「御遺跡」紀念碑。彰化八卦山是乙未割臺重要戰役之一，其北白川宮紀念碑最為知名，而文開書院亦有「御遺跡」碑，則因駐紮此地而建，非關戰事。

　　光緒二十一年五月二十九日，日軍自澳底登陸，五月三十日，攻下三貂嶺，六月一日，陷瑞芳。六月四日，日軍近衛師團本部進駐基隆，先頭部隊已進紮水返腳（今汐止），臺北城內群龍無首，人心惶惶，艋舺紳士李秉鈞、吳聯元、陳舜臣等

---

58　臺灣銀行經濟研究室編，〈第三節　學事〉，《臺灣私法物權編・卷四　物權之特別主體》，頁1409。

▲文開書院中能久親王御遺跡碑。

議彈壓，而無力可制，於是往商大稻埕李春生，請日軍入城鎮撫，但無人敢前往。鹿港辜顯榮在臺北，見事急，自告奮勇赴基隆，遞送紳商公擬的請求書。

六月七日，日軍順利進入臺北城。七月二十九日，日軍由臺北出發，辜顯榮亦奉到總督樺山資紀之命，隨軍南下。八月二十八日，攻下彰化城。同時，派第一旅團長川村少將進駐鹿港，司令部設於文開書院。九月三日，能久親王北白川宮巡視鹿港；辜顯榮率領三十餘名士紳至文開書院迎接。[59]

北白川宮巡視鹿港，文開書院為司令部，乃結此因緣。昭和十八年（1843），日本政府將文開書院改稱為「北白川宮紀念堂」，並由臺灣總督長谷川清書「北白川宮能久親王御遺跡鹿港軍情御視察之所」，刻碑文開書院；臺中州知事森田俊介則撰寫碑記，闡述北白川宮能久親王視察鹿港一事。戰後，文開書院日漸荒廢，民國六十四年十二月九日，正殿起火燒毀，在此之前及稍後，北白川宮紀念碑猶嵌於正殿右牆。七十四年，政府指定鹿港文武廟為第三級古蹟，文開書院建築，亦併入古蹟範圍，並撥款進行重建。竣工之後，紀念碑移置左廂房內。

## 二、和美道東書院

道東書院，位在彰化縣和美鎮，即清代線西保和美線街。清咸豐七年（1875），和美線街關心教育的地方人士，包括訓導阮鵬程、秀才陳嘉章、貢生王祖培、廩生黃際清、秀才鄭凌雲、黃興東。黃仰袁等，共同奔走募捐，建了這座占地二千五百坪的完善學府，取漢朝大儒馬融期許其弟子鄭玄「吾

59 《辜顯榮傳》（臺北，吳三連臺灣史料基金會，2007）頁59-65。

▲道東書院位於彰化縣和美鎮，爲占地二千五百坪的完善學府。

道東矣」的典故，定名爲道東書院。

## （一）書院創建及興修

　　關於道東書院興建緣起及沿革，以黃文鎔撰〈道東書院沿革誌〉最詳盡，勒碑嵌於正殿牆壁，據碑誌記載，咸豐七年（1857），書院開始興工，其用地係由黃利祥堂派下的黃鍾烈、黃英協所捐獻，約有二千五百坪。並推舉廩生阮鵬程爲總理，生員陳嘉章爲副總理，董事則包括貢生王祖培、廩生黃際清、生員鄭凌雲、黃興東、黃仰袁等，負責籌劃督建，一年之後規模略具。

　　同治九年（1870）間，有吳朝儀者，與親族吳某有土地糾紛，幾至興訟，由書院諸紳董出面調停，土地歸朝儀所有。

吳爲感謝紳董，乃抽出約三甲捐獻書院，以充育才及祀典等費用。之後，又得林日豐號、林金盛號、陳恆吉號等大戶捐助，道東書院經費逐漸充裕。翌年，乃有增修計畫。十一年（1872），可能因經費的考量，增聘董事若干名，包括阮傳芳（譜名嘉種，監生）、黃鍾麟、李敬修、黃毓雲、謝神棋、謝君錫等，都有秀才身分。其中阮傳芳爲阮鵬程長子，阮鵬程已經過世，地方士紳推舉阮傳芳爲增修董事之一。此次增修，棟宇重加潤色，並新築牆垣，同年冬竣工，至此道東書院格局完整，成爲和美線最重要的學府。

　　光緒十二年（1886），因有謝孝專者在院內設教，其門徒謝以章夜間攻讀，火燭不慎，引發火災，大殿付之一炬；嗣後兩人各以百數十金賠償息事，於是紳董再提議重建，阮傳芳仍被舉爲董事之一，其他董事尚有陳先聲、黃毓輝、吳廷翰、黃

▲道東書院興建緣起及沿革，以黃文鎔撰〈道東書院沿革誌〉最詳盡，碑誌現嵌於正殿牆壁。

▲目前門楣所懸「道東書院」匾額，於大正九年重修所立。

毓雲、林朝清、謝神棋等秀才，並向各地勸募建築費。同年六月興工，至翌年秋告竣。

日治之後，科舉制度廢除，道東書院亦喪失既有功能而漸趨荒廢。大正九年（1920）的春祭日，主祭的區長許在泮及與祭諸人，「感書院之荒蕪，悲銅駝之委地，恐貽地方之辱」，乃與諸理事、幹事等發起重修，於是面目一新[60]。目前門楣所懸「道東書院」匾額，便是此次重修所立。

戰後，道東書院因缺乏管理，整個建築物被佔住殆盡，殿堂淪為大雜院。佔住戶為避免受到愛古之士造訪的干擾，居然在三川門前搭起籬笆，使遊客難越雷池。甚至又在大殿石柱栓著一隻大狼犬，控制其出入口。東西兩廡、講堂等，因被佔住戶闢為客廳或臥室，為解決民生問題，他們利用大殿權充廚房，瓦斯筒及一切廚具俱全，但這些佔住戶對崩坍的紅瓦，卻視若無睹，此為民國六十四年（1975）首次探訪所見慘狀。

民國七十年，道東書院維護始出現轉機，經由和美鎮公所的規劃、爭取，終獲六百四十萬元補助款，配合公所二百二十

---
60　以上沿革參該書院大殿兩側石碑所載。

萬元自籌款，分兩期進行規劃、整修，其中第一期六百六十萬元，為設計費及綜合整修費，第二期二百萬元，為環境工程費。同年六月，開始動工，而施工期間，不少木雕文物被竊，首當其衝的是神龕前的四扇木雕，被強行拆取，接著木製香爐、魁星爺神像……紛紛遭到毒手。

整修之際，道東書院曾一度暫列第一級古蹟，至民國七十四年，再度評鑑，經政府指定為臺閩地區第二級古蹟，且完成修護，並由公所派人管理，開放參觀，因院內樹木扶疏，

▲道東書院整修前舊魁星像，於施工期間慘遭毒手被竊。

▲道東書院整修前外貌，三川門前有道籬笆牆。

▲道東書院整修後，院內樹木扶疏，爲鎮民晨昏休憩運動絕佳去處。

庭院寬廣，成爲鎮民晨昏休憩運動的絕佳去處。

## （二）組織道東書院漢文研究會

　　大正九年（1920）區長許在泮主導重修的道東書院，爲發揮漢文傳承，地方人士乃組織道東書院漢文研究會，藉此以文會友，並勉強維持平時的祭典。先後聘請許逸漁、施一鳴、黃文鎔擔任主講。俾學子得以入會研究，宏揚傳統漢文化。

　　昭和十一年（1936），臺灣詩風普及，和美人士亦不免俗，成立道東書院詩社，參與社員包括黃文鎔、許幼漁、施一鳴、朱啓南、郭克明等和美、鹿港文士。該社緣起於當年秋季祭典，祭典之後，與會諸人乃提議擊鉢催詩助興。首唱詩題爲「道東秋望」（左詞宗施梅樵、右詞宗許逸漁），次唱爲「謁朱子祠」（左詞宗郭克明、右詞宗朱啓南），因此結爲詩社，此後每利用春秋佳日在院內舉行詩會，平日也勵行課題寫作，其詩題所知者如「酒癖」、「歲暮」、「春寒」、「弔屈原」、「嘲花」、「李陵」、「法王寺望雙塔」等，茲錄彰化宿儒施梅樵〈道東秋望〉、〈謁朱子祠〉各一首如次：

　　　道東秋望
　　　　聖域容憑眺，豪情逾十分。
　　　　蒼茫懸海日，靉靆釀山雲。
　　　　平野聞香稻，幽畦見秀蕡。
　　　　西風吹袖薄，況值酒微醺。

　　　謁朱子祠
　　　　博採旁搜費考稽，聖經賢傳露端倪。
　　　　千秋廟祀原應爾，勳德衣冠下拜齊。

▲道東書院現設有藝文研習社，仍發揮社學的功能。

## 三、員林興賢書院

### （一）書院創建及興修

　　興賢書院，位在彰化縣員林鎮公園內，為文祠、社學兼而有之的地方書院。書院前身是「興賢社」；書院的建立約在清道光三、四年（1823～4），由白沙坑莊恩貢生曾拔萃所創。道光十二年（1832）所修《彰化縣志》除列有興賢社外，並稱：「文昌帝君祠，一在員林街外，道光三年，恩貢生曾拔萃等捐建。」即指興賢書院而言。約清道光中晚期，有廣東人邱海設教於興賢書院，他曾廣置了七甲多的學田並設月課獎學，以教育燕霧上下保、大武郡東西保學子，文風大振。至今書院內仍奉祀有邱海的牌位。清光緒七年（1881），永靖街貢生邱萃英及燕霧下保士紳賴繩武發起重建，並由邱萃英擔任山長。大正九年（1920），地方人士為延續傳統文化，聘請黃溥造至興賢書院傳授漢文，長達十七年。其間，曾於大正十三年（1924），與其弟子成立興賢吟社。至今該社仍活躍詩壇，薪盡火傳，一脈相承。[61]

　　光緒七年（1881）興賢書院的重建，除了建築物更新之外，邱海的應聘講學，在該院的發展上，具有指標的意義。據張瑞和考證，邱萃英為永靖苦苓腳鄉紳，其住宅稱忠實第，設有書房，當地人至今仍沿用舊稱，為「學仔底」，邱海先到忠實第當塾師，後再由邱萃英轉介到興賢書院設帳講學。

　　此次改建，日治時期的《寺廟台帳》，亦有相應的紀錄：「光緒七年，永靖忠實第歲貢生邱萃英與蕭貞吉、賴萬青、江登甲、陳有光等發起募捐三千元改築。」按蕭貞吉為社頭人，

---

61 拙著《臺灣的書院與科舉》（臺北，常民文化，1999），頁47。

▲興賢書院新舊對比。

▲921地震前，興賢書院的金甲神。

秀才，咸豐五年（1855）起設帳授徒，凡十五年。秀才江登甲是員林東山人，在自宅東山崁下（今浮圳里第五、六鄰）設帳授徒。賴萬青亦爲秀才，在大村設有「過溝學堂」。陳有光，例貢生，永靖「餘三館」主人。

　　這次改建並共同相謀除奉祀文昌帝君爲主神外。從祀呂純陽、關聖帝君、魁星爺、朱衣神君等四尊，合爲五文昌。並配祀韓昌黎夫子、紫陽夫子、金甲尊神、倉頡聖人等，訂定三獻禮，於每年農曆二月三日舉行祭典。

## （二）學租挹注公學校

　　日治時期，科舉制度既廢，各書院內專爲獎勵科舉考試而建置的學租，大都爲執政當局改變用途，主要仍投入新學制下

的公學校經費，興賢書院亦不例外，據明治三十八年（1905）
九月七日《臺灣日日新報》之〈員林文昌祠學校基本金〉報
導：

> 員林支廳管內公學校有三：社頭、永靖、員林是
> 也。創立財產基本金。係議就該地燕武文昌祠。所有公共
> 之田業。約租穀三百石。原以供祭費及每月試課獎賞之
> 需。去年學務委員與董事賴繩武妥議。抽出租穀百貳十石
> 寄附。每年一校四十石。依時粟價繳納。

當時員林支廳管轄內燕霧、武東、武西等三保，為興賢
書院信仰圈範疇，亦為學產捐獻者主要來源，取自地方，用於
地方，且使用為教育經費，與設置宗旨並不衝突。受此學產挹
注之三所公學校，自是於每年文昌祭典時，校長等都蒞臨致
祭。[62]

---

62 有關興賢書院之改建及學租，並參張瑞和《興賢書院之研究》碩士論文。

·083· 第四章 現存彰化書院·

## 第五章 書院講席彙錄

　　書院的層次既有軒輊，當然講席的程度自亦不同，正規書院因屬高級教育的一環，清廷對講席（院長、山長、主講、掌教）資格的要求甚嚴，除首重品格必須「足為多士模範者」外，科舉正途出身、文理優長，也是必備的條件。至於非正規書院，因屬基礎教育，規模既小，經費不裕，出任講席的條件，自難望正規書院的項背。其中更有若干只聘「講師」而不聘山長者（如玉山書院），或徒具書院之名，而實際上卻是私人「設帳」的私塾型態（如道東書院），其講席的程度，則又等而下之矣。其次，以教化土著民族為主要目的之正心書院，司講席者，甚至由當地駐防軍官或幕僚人員兼任，是為臺灣書院教育史上罕見的事例。

　　乾隆元年（1736），清廷諭旨：「書院之制，所以導進人材，廣學校所不及」，據此可知書院教育的主要功能即在彌補學校教育的不足，蓋清代各級儒學的設立，每年僅有少數「入學定額」，非通過考試者即不得其門而入，故只能作「點」的培育人材。至於官立的正規書院對於生童的入學資格，同樣也經過考試，而有「文堪造就者」及「才俊之士」的限制，可視為「線」的培育人材。非正規書院遍及各地，又無嚴格的入學資格限制，始為「面」的培育人材。「點」、「線」、「面」三者環環相扣，相輔相乘的結果，遂構成清代臺灣的教育體

系。

　　府、縣儒學，按規制設有教授、教諭、訓導等學官，以資訓練。書院則除少數民間興建規模較小者外，多聘有山長講學其間。儒學教官或書院山長，兩者在清代臺灣教育發展的過程中，都是最直接參與者，厥功甚偉，惜乎兩者都未能得到應有的重視，在清代臺灣各種官修方志之中，能爲之立傳者，誠屬鳳毛麟角，寥寥可數，無怪乎清嘉慶年間謝金鑾曾嘆曰：「教官初置府儒學教授一人、縣儒學教授一人。雍正十一年，復設訓導一人，府、縣同。……凡有道者，使教焉。今教官則以本省之人爲之，猶古鄉先生之意也。百餘年來，豈無學行卓絕，合經師、人師而爲一者歟？惜乎無爲能傳者也，其姓氏猶存備錄。」官修方志雖罕爲儒學教官立傳，但按清代規制，教授、教諭、訓導三者，俱屬文職官員，故方志之中，「其姓氏猶存備錄」，因此，對於學官的姓名、籍貫、出身、任卸，多不難從各志職官志中檢索得之。

　　反觀書院講席的情形，除極少數以行誼著稱或殉難者得以立傳方志外，各院歷任山長姓名，俱未能列表以傳，以致吾人今日欲求其姓名、論其事蹟，謹就蒐蘿所得，將倖存於文獻記載的彰化各院講席（包括山長及講師、塾師），稍加考稽，彙編如後：

## 一、白沙書院

### 王宗岱

　　里籍未詳，貢生。清乾隆十一年（1746）三月，彰化縣知

縣曾曰瑛建白沙書院落成，延宗岱入院掌教[63]。

## 胡遠山

浙江人，歲貢生。乾隆間，彰化縣知縣張貞生聘主白沙書院講席。清乾隆五十一年（1786），適林爽文攻陷縣城，後不屈死，附祀忠烈祠[64]。

## 廖春波

彰化鹿港人，道光五年（1825）拔貢。道光季年，高鴻飛以翰林知彰化縣事，聘春波主講白沙書院，始以詩、古文辭課士，鴻飛亦時蒞講席，為言四始六義之教，間及唐、宋、明、清詩體，一時風氣所靡，彰人士競為吟詠，而以曾惟精（維楨）、蔡德芳、陳肇興、陳捷魁、廖景瀛等尤其傑出[65]。

## 周　璽

字琢堂，廣西臨桂人，嘉慶四年（1799）進士。道光六年（1826）三月，署彰化縣知縣。四月，以閩、粵分類械鬥被議去職。至是年冬，鹿港海防同知鄧傳安權臺灣府篆，以璽受代賦閒，乃聘為崇文書院山長。七年（1827），鄧傳安回任鹿港，璽亦隨之至彰，兼主白沙書院講席。八年（1828）三月，鄧傳安陞任臺灣府知府。兩月後，璽再赴崇文書院講席。十年（1830），李廷璧回任彰化縣知縣，璽受聘總纂《彰化縣

---

63　據周璽，《彰化縣志冊三・卷三　官秩志》，頁111。「政績」附「殉難」。文稱「乾隆五十一年，彰化縣知縣張貞生聘主白沙書院」，實誤。按據同前書職官表所記，知縣張貞生係清乾隆四十八年（1783）署，翌年九月卸，可證明氏之主講白沙書院。當在上述二年之間，絕非乾隆五十一年（1786）。

64　周璽，〈政績（殉難附）〉，《彰化縣志・卷三　官秩志》，頁106。

65　據周璽，〈選舉〉，《彰化縣志冊二・卷八　人物志》，頁236。昔筆者於鹿港鳳山寺讀重修碑記時，遇一老者指碑末「廖春波」之名謂係其祖先，由此知廖氏為鹿港人。

志》，仍兼主白沙書院講席，歷十二年（1832）稿成，仍在任。

## 施士洁

字澐舫，號芸況，晚號耐公，臺灣府治人。光緒三年（1877），成二甲進士，欽點內閣中書。性放誕，不喜仕進。歸里後，曾掌教崇文書院。清光緒二、三年（1876～1877）間掌教白沙書院。約八、九年（1882～1883）間移硯海東書院[66]。

## 丁壽泉

彰化鹿港人，光緒六年（1880）進士。十二年（1886），在任白沙書院山長。是年，與訓導劉鳳翔、廩生吳德功採訪節孝，彙請旌表[67]。

## 蔡德芳

字香鄰，一作薌鄰，彰化鹿港人。清同治初舉於鄉，任文開書院主講。同治十三年（1874）進士。任廣東省新興縣知縣，卸任後返里。約光緒十三（1887）或稍前主講白沙書院。任內，與進士丁壽泉、廩生吳德功、訓導劉鳳翔等設局採訪節

---

66 據施士洁，〈弁言〉，《後蘇龕合集‧冊一卷首頁》，引《臨濮堂施氏族譜》，有云：「先後掌教白沙、崇文、海東三書院。」其中列施氏掌教崇文於白沙之後，然同書冊三、頁353同人撰〈臺灣海東書院課選序〉則記云：「士洁自白沙講席移研於此，倏逾十年矣。」可見施氏卸白沙講席南返，即主講海東書院，並未及於崇文書院，存疑待考。

67 吳德功，〈自序〉，《彰化節孝冊》，頁1。

孝。至十四年（1888）仍在任[68]。

## 蔡壽星

字樞南，彰化鹿港人。光緒十二年（1886）進士，授戶部主事。十八年（1892），掌教白沙書院。

## 陳肇興

字伯康，彰化縣治人，咸豐九年（1859）己未恩科及補行八年戊午正科舉人，同治年間，掌教白沙書院。

# 二、文開書院

## 陳淑均

陳淑均，字友松，福建晉江人。嘉慶二十一年（1816）舉人，即選知縣。道光十年（1830）應聘入臺，任噶瑪蘭（今宜蘭）仰山書院山長，曾編纂《噶瑪蘭廳志》。十八年（1838）春，重渡臺灣，主講文開書院。講課之暇，乃就前仰山書院任用所輯之《噶瑪蘭廳志稿》，刪繁補缺，為八卷、十二門、一百二十餘子目，至二十年（1840）十二月續訂〈例言〉時，尚在任。

---

68 按蔡氏三子貢生蔡穀仁撰〈重修中部節孝祠碑記〉有「先君通籍後……嗣經宦粵歸來，掌教白沙」等語，證以〈劉銘傳撫臺前後檔案〉所載光緒十三年（1887）四月二十一日「臺灣府行知巡撫劉銘傳批駁彰化縣紳士蔡德芳等請建省會於鹿港議」，已出現「前廣東新興縣知縣蔡德芳」的名銜，可知蔡氏「宦粵歸來」，似在是年以前，當然「掌教白沙」一事，也是相差無幾。另光緒十四年（1888），彰化發生施九緞之變，蔡氏適逢其事，曾與吳德功、吳景韓、吳鴻賓、劉鳳翔等邑紳，設保安總局。在吳德功所著《施案紀略》中，屢提及「蔡香鄰山長」，足見是年蔡氏尚任白沙書院山長。

## 蔡德芳

略歷見前述白沙書院。同治八年（1869）四月，太倉孫壽銘分守鹿港，聘爲文開書院主講。十一年（1872），尚在任[69]。

## 莊士勳

字竹書，彰化鹿港人，光緒五年（1879）舉人。成名後掌教文開書院多年。

# 三、道東書院

## 謝孝專

彰化和美線人。光緒十二年（1886），設教道東書院。時，有門徒謝以章夜間在院攻讀，偶爾失慎，致遭回祿付之一炬，嗣後各以百數十金賠息事。

## 阮鵬程

譜名飄香，一名成香，字君培，彰化人，咸豐年間廩生，即用訓導。七年（1857），創建道東書院於和美線街，爲首任山長。

---

69 據劉枝萬《臺灣中部碑文集成》頁59，孫壽銘〈重修文祠碑記〉，並參頁54蔡德芳〈重建利濟橋碑記〉。按蔡氏爲同治十三年（1874）進士，其掌教文開書院，似至是年會試爲止。蔡氏中式進士後，即出任廣東新興知縣，宦粵歸來，則掌教白沙書院（詳見上文白沙書院條），而《臺灣省通志》（人物志）第四冊「學行篇」稱蔡氏「知廣東新興縣，有政聲」、「任滿，至鹿港掌教文開書院」（頁315），似誤。

## 四、興賢書院

### 邱　海

　　廣東人，道光年間設教興賢書院，置學田七甲餘，並設月課獎學，燕霧、武果、武西一帶，文風大振，後人設位於書院祀之。

### 邱萃英

　　譜名元集，彰化永靖人，清光緒二年（1876），選取丙子科臺灣府第一名歲貢生。七年（1881），發起募款，改建興賢書院。其間，曾任興賢書院山長。

▲興賢書院講席邱海牌位。

## 賴繩武

彰化燕霧下保大莊人，光緒年間，任興賢書院山長。

## 蔡德芳

略歷見前述白沙書院，光緒年間兼任興賢書院山長。

## 黃玉書

字瑞符，號笏廷，彰化鹿港人。光緒元年（1875）舉人，
十五年（1889）會試成貢士，未及殿試而卒。光緒年間，曾任
興賢書院山長。

# 第六章　彰化書院的延伸
## ——南投藍田與登瀛書院

　　雍正元年（1723），彰化建縣，迄光緒十一年（1885）臺灣建省，彰化縣下「保」的建置，雖有過小幅度調整，基本上仍維持大彰化縣架構，今彰化縣以外中部地區，都屬舊彰化縣轄境，考秀才的縣試以及其他入泮、補廩、出貢等科舉相關事務，也都歸彰化縣儒學管轄，關係密切。因此鄰近幾所書院，也都與彰化白沙書院有不同程度的關聯，特別是南北投保兩所創立於道光年間的書院——藍田書院、登瀛書院，不僅接受白沙書院經費補助，甚至掌教山長也都由彰化人士擔任，故此二書院，固未在彰化縣境，不妨視爲彰化書院教育的延伸，附此簡述之。

## 一、藍田書院與曾作霖

　　曾作霖纂修過道光《彰化縣志》，又曾掌教南投藍田書院，治臺灣史者，均不陌生。然而曾氏籍貫如何？何時掌教藍田，在在都是個謎，僅能以有限的文獻史料略予勾勒。

　　藍田書院址在南投市崇文里，爲義學性質，道光十一年（1831），彰化縣南投縣丞朱懋延請南北投、水沙連兩保士紳議建書院，擇地於南投街東的壽康莊，至道光十三年（1833）

▲藍田書院舊貌。

告竣，取「樹人無殊種玉」之義，命名藍田書院。道光二十五年（1845）地震及颱風，書院坍毀，數年後，再經官紳修復。同治三年（1864），南投街富紳吳聯輝首倡改建於現址[70]。此後，書院遭白蟻之害，光緒十年（1884），由吳聯輝長子吳朝陽募捐重修。

　　吳朝陽熱心文教事業，除重修藍田書院外，更捐北投保新莊洋、下茄苳洋、番仔田洋小租田二十三甲，全年租穀約八百石，捐充白沙書院。同時，彰化知縣朱幹隆又將廖有婦案抄封租穀撥充教育及社會事業經費，包括書院、義學、義倉、育嬰、義渡等經費，藍田、登瀛兩書院（即南北投義學），反因經營困難，獲得白沙書院之經費補助。據朱幹隆所釐訂白沙書院章程：「南投義學二館全年束金一百二十元」、「北投義學

70　拙著《臺灣的書院與科舉》（臺北，常民文化，1999），頁51。

▲藍田書院整修中。

一館全年束金六十元」，均作兩季向白沙書院董事支取，惟這項補至僅維持至光緒十四年（1888）便告廢絕，或云由於成立臺灣縣，新設宏文書院，挪用學租達一千八百石，以致向受白沙書院補助之束金之八所義學，經費無著，遂不得不停辦。[71]

藍田書院竣工於道光十三年（1833）十月，在此稍前，曾作霖正擔任《彰化縣志》總纂。修志的同時，曾應藍田紳董曾作雲、簡俊升等之請，撰序勸捐經費，初步與藍田結緣。關於彰化修志，緣起於道光九年（1829），福建將修省志，於是要求各府、廳、縣同時配合修志，作為省志參考。同年六月，彰化縣在知縣託克通阿任內，著手修志準備；翌年七月，李廷璧回任彰化知縣，修志更為積極，聘請因械鬥案被議而掌教崇文書院的前任知縣周璽纂修《彰化縣志》。修志例有「總纂」

71 劉枝萬，《南投縣教育志搞》（南投，南投縣文獻委員會，1960），頁14-16。

（或稱主修）職銜，爲全志的靈魂人物，志之良窳，總纂是賴。通常修志成諸眾手，各志弁首的「修志姓氏」，便會依據責任輕重分別臚列，特別是上司掛名問題，必須巧妙安排，因此所列職銜形形色色，箇中三昧，讀者或可參透一二。

《彰化縣志》拖到道光十四年（1834）後彰化知縣賈懋功任內完成刊刻，因經歷數位知縣，其「纂修職銜」也最奇特。前後三位知縣，包括「陞授同知彰化縣知縣」託克通阿、「陞授鹿港海防兼理番同知彰化縣知縣」李廷璧、「彰化縣知縣」（現任）賈懋功等，列名「鑒定」，無關痛癢，只是順水人情。接下來的「總纂」，一口氣列了五位，包括「原署彰化縣知縣」周璽、「彰化縣學教諭」吳春蘭、「彰化縣學教諭」方岱、「軍功陞授州同同安學訓導」陳震曜、「教諭銜管閩清縣學訓導事」曾作霖，總纂人數之多，清代臺灣修志史上，可能拔得頭籌。吳春蘭、方岱是前後任學官，掛名成分居大，周璽、陳震曜、曾作霖三人，則各有所司，而曾作霖應是實際的主稿者。

周璽是因案牽累去職的前知縣，進士出身，陳震曜爲優貢生，兩人學養俱優，絕無疑問，問題是俱非土生土長的彰化人士，難免會有隔靴搔癢之感，文章潤飾、疑義相參，應是兩位總纂主要工作。曾作霖爲彰化舉人，正是修彰化志的最佳人選。《彰化縣志》首列〈例言〉十四則，最末一則說是：

> 昔人修志，比於作史，非有才、學、識三長者，未敢率爾操觚，況邑治開闢百餘年，兵燹屢經，銷磨殆盡。既文獻之無徵，亦傳聞之失實。惟霖小子，又何敢謬參纂輯，從煨燼之餘，網羅放失，以勒爲成書乎？所賴就正者，有前署縣篆琢堂周老夫子，本學司鐸廷香吳老先生，

又得邑人司訓羅小山先生，明經曾卓家族兄，選拔廖君澹如，廩生楊君騰六，增廣生楊君君穎，相與贊襄纂輯，以匡不逮，故不揣淺陋，姑爲草創成編，若引繩削墨之任，謹俟大雅。

文中「惟霖小子」爲曾作霖自稱，臺灣各府縣聽志，都有發凡起例，如《彰化縣志》用第一人稱的寫法，可能絕無僅有，此則說明了曾作霖是整部志的「草創成編」者，「前署縣篆琢堂周老夫子」、「本學司鐸廷香吳老先生」兩位長官，只是顧問性質，其他同僚都屬「贊襄纂輯」，換言之，都是協纂。

纂修《彰化縣志》，是曾作霖對桑梓之邦的重要貢獻，道光十三年十月，修志工作進入尾聲，這時藍田書院興建竣事，依例要立碑記事，於是應門人某之請，撰寫〈新建南投藍田書院碑記〉，初步與藍田結下翰墨因緣，此後的掌教藍田，當有某種程度的關聯。全文如次：

邑治東南四十里，有地曰南投。乾隆初，始設縣丞居此，距今百餘年矣。涵濡聖化既久，文明漸啓，禮教日昌；士之有志讀書者，類多掇科名，以酬素願。於是分縣朱公，延請南北投、水沙連兩保士庶議建書院。僉舉生員族弟作雲、簡君俊升等董其事，迺屬霖爲序勸捐。並卜地於街後東偏，西倚山麓，東面大屏，清流北護、濁水南纏，大嵙、碧山遙相對峙。中開一局，形勝天成；而燄峰九十九尖蔚然在目。其東南三峰，遠插雲霄，出沒隱見，變幻無常，則八同關之玉山可望不可即；洵海外一奇觀也。夫以山川之秀，氣運日開，其磅礴鬱積，知必有偉人

杰士出乎其間：不僅為吾邑生色，誠邦家光也。「地靈人傑」之說，殆信然歟！是則書院之建，實為盛舉。

爰諏吉興工，經始於道光十一年冬月，閱兩歲而告成。中祀文昌帝君，後祀徽國文公朱子。即以其廳為講堂，旁居山長，兩翼廂房為諸生肄業地。外環以牆，規模頗壯。統計土木工費，共糜白金四千一百餘元。既燕飲以落之，遂顏曰「藍田書院」。謂樹人無殊種玉，蓋欲藉此為培植之區，而冀青出於藍以共與孝弟力田之科也；學者庶顧名而思義乎！

時霖方修縣誌，士有從予遊者，因請為記，勒之貞珉，以為將來好義者勸。鄉進士閩清縣儒學教諭曾作霖敬撰，彰化縣學廩生黃春華敬書。道光十三年十月穀旦，總理生員曾作雲、簡俊升、董事柯占魁、魏良植、曾協美、廖全義同敬立。[72]

文末有「時霖方修縣誌，士有從予遊者，因請為記，勒之貞珉」等語，得知此記實乃從遊門人之請而撰，此時尚未擔任山長。

臺灣濕熱又多地震，傳統建築容易受損，藍田書院創立十二年之後，即道光二十五年（1845）正月，發生大地震，又因陰雨兼旬，造成祠宇傾斜，書院半歸荒廢，於是地方人士曾和中、張春華等發起重修，共募得「白金二千有奇」，自同年五月動工，費時兩年，落成於二十七年冬，仍請曾作霖撰寫重修碑記。此記首段已點出曾氏與書院關係：「藍田書院在南投山麓，始建於道光拾壹年季冬，規模頗稱壯麗，諸生以時肄業

其間。霖自梅溪司鐸告假歸里，庚子、辛丑二年，藍田諸君延予主講，從遊日眾，凡南北投及水沙連佳子弟皆萃是間，相與敬業樂群，以集觀摩之益。」

　　「庚子、辛丑二年」，為道光二十年與二十一年。「霖自梅溪司鐸告假歸里」，指曾作霖擔任閩清訓導事，其事載於《彰化縣志》人物志嘉慶二十一年丙子科舉人條：「曾作霖（廩生，祖籍晉江人，任閩清縣學訓導）」，曾作霖於道光十三年修志末期，仍在臺灣，有藍田書院碑可印證。此後數年，進行縣志刊刻，並隨時插補人物資料，最晚者為道光十六年（1836）三月抵任的職官資料，曾作霖的敘及閩清訓導職銜，當在此以前；惟據下引示諭，曾作霖之任官閩清，早已發布，因修志留籍緩赴，大約遲至在道光十六年始就任，十九年告假回臺，道光二十、二十一兩年，應聘為藍田書院主講，時間明確，當可解決曾氏掌教藍田之疑。

▲藍田書院內部。

其次，關於曾作霖籍貫，僅見道光《彰化縣志》記載：
「祖籍晉江人」，令人困惑，歷來推論其籍貫者約有南投、鹿
港、晉江三說，晉江是祖籍，絕非出生地，證以道光二十七年
（1847）鹿港同知告示文書，南投、鹿港、晉江三說，沒有一
個是對的。道光二十六年（1846）間，沙鹿竹林莊生員曾安
國，稟請北路理番同知示諭鰲栖（梧棲）港街佔地蓋屋者須向
業主納稅一案，意外透露乃父曾作霖修志及任官閩清事，證實
曾作霖為沙鹿竹林莊人，才解決其籍貫問題。

依據示諭之外其他文書記載，早在乾隆三十八年
（1773），有漢人吳堅自備工本，與陳福、王三錫、吳日燦
（堅弟）合四股向遷善南北社番通土李友從等給墾開塭，年納
番餉五元、茉魚五十斤為酬勞，吳家歷管塭地四世，經七十餘
年。道光初年，吳堅之孫吳色始將塭份分賣竹林莊曾安國，後
因發現新港路，可寄泊船隻，乃由其父曾作霖乘修志之便，赴
北路同知稟繳圖說，詳注該灣可以泊船，由此鰲栖港乃日益發
展，且有店鋪侵占曾安國塭界土地，而有稟請出示、不得抗納
租稅事，該示諭原為梧棲耆宿黃海泉所藏，為印證曾作霖籍貫
重要文獻，全文如次：

　　　署臺灣北路理番駐鎮鹿港總捕分府為示諭交納事，
據生員曾安國稟稱：竊以物物各有主，非吾有則一毫莫
取；地必徵租，既築室則基稅是□，此古今之通例也。□
沙轆鰲栖港街向本海濱斥鹵，置為無用荒埔乾隆三十八
年間，居民吳堅等向遷善南北社番通土李友從等給墾開
塭，永為己業，歷管四世，□今七十餘年，道光初吳堅孫
吳色始將塭份分賣曾家合管數□，會逢大水為災，漂流
大木到此，連年沙壓壅積為汕，內結成灣，適有曾培世

一船遇風，先入寄泊，乃知該處新開一港。時安國父作霖留籍修誌，未赴閩清學任，經赴前陞憲王稟繳圖說，詳注該灣可以泊船，嗣後小船時來寄泊，近處民人遂依塭仔寮庄暫蓋草屋為棧貯貨。迨道光十二年後，灣日徙而南棧始漸遷近塭，從此船來日多，屋亦日□日眾，十年來幾成街市，強半在安塭界。時安父在閩清學供職，經安胞叔曾玉輝赴前憲稟請飭差諭納在案，時猶草屋多而瓦店少，及安父回籍以還，該處多被回祿燒燬續蓋瓦店，皆在塭界，日新月盛，而歲不同，居然成一聚落矣。去秋忽於塭前新開港門，船可直入寄泊，亦如鹿港新開一口，是皆德政覃敷，故山川鬼神，莫不效靈也。但鰲栖去鹿四十餘里，該處良莠雜居，其忠厚守分者，明知此地為安塭界世業，久思向安給單納稅，以免爭端；其狡詐者，尚觀望不前，獨不思業各有主，全憑印契，地必納租，無容爭佔，此安所不得不繳契驗，叩懇給示諭納也。伏乞電察施行沾感切稟等情，據此，除批示外，合行示諭交納，為此示仰鰲栖巷街舖戶暨居民人等知悉：爾等如有起蓋店□在曾安國塭界內者，務須認向該業主生員曾安國給單納稅，毋得影藉抗納情事，倘敢故違不遵，致被指稟定即嚴拏究追，凜之慎之，毋違！特示。道光貳拾陸年陸月日給。

曾作霖為臺灣史著名人物，不僅以纂修《彰化縣志》與掌教藍田書院，且為嘉慶丙子科舉人，一舉成名天下知，如此傑出之臺灣本土人物，其出生地居然埋沒於歷史洪流之中，因附此略論其事蹟，旁及籍貫問題，解決多年懸案。

## 二、登瀛書院與洪月樵

　　登瀛書院位在草屯鎮新莊里，即清代的北投保新莊，創建於清道光二十八年（1848），由當時北投保總理莊文蔚、職員洪濟純、生員洪鍾英等人發起，募得銀五千八百元，卜地於北投街郊現址創建書院，取「十八學士登瀛洲」掌故，命名為「登瀛書院」。書院工程始於道光二十七年（1847）十月，翌年十二月落成，正殿祀文昌帝君、

▲洪月樵掌教登瀛書院。

朱子、魁星等，俗稱文昌祠。內有玉峰社、碧峰社、萃英社等三社，三社各有成員，且置有學田，為主要之經費來源。同時，也接受白沙書院的學租補助[73]。

　　光緒九年（1883），登瀛書院因年久失修，由紳士李定邦、簡化成等首倡，募款二千三百元，並得玉峰社、碧峰社、萃英社等三社資助三百五十元，予以重修。民國七十四年（1985）十一月，也經政府指定為第三級古蹟，七十七年（1988）完成修復。

　　民國七十年代，登瀛書院因遠離新莊街區，獨立於稻田之中，加以規模宏敞，且仍殿宇使用傳統的「本島瓦」，殊稱雅致，為全臺書院所少見。惜近年地方發展快速，寸土寸金，其鄰近地區已出現若干突兀的鐵皮搭蓋房舍；甚至許多珍貴神像、器物、木雕遭竊，令人扼腕。

---

73 參劉枝萬，〈「儒教的祠堂」文昌祠〉，《南投縣風俗志・宗教篇》。

▲正門上的「登瀛書院」與「學教敦倫」古匾是自創建時懸掛至今。

　　院內設山長一人，聘請宿儒任之。招收北投保內子弟、授予讀書、作文、作詩等課業。登瀛書院建築主體保存完整，正門上的「登瀛書院」與「學教敦倫」古匾是自創建時懸掛至今，並有執事牌、字紙簍等全套珍貴文物。香爐與文昌帝君神像等文物依舊保存完善，擁有眾多極其珍貴的古文物，為國家第三級古蹟。每年春秋二祭，分別於農曆一月三十日與八月十八日舉行。

　　清代登瀛書院的講席人物，目前可考的僅有洪鍾英、洪月樵兩人。洪鍾英為北投保頂茄苳莊人，清咸豐年間廩生，以教讀為業，曾於書院內設教。按院中現存有「欽加五品」、「賞戴藍翎」、「部銓儒學」等三種清代執事牌，皆洪氏遺物，因其曾在此執教之故。

　　洪月樵的掌教登瀛書院，時間約為光緒十八、十九兩年

▲香爐與文昌帝君神像等文物依舊保存完善，為國家第三級古蹟。

（1892、1893），事載《草屯鎮志》〈教育與文化事業〉。

洪月樵，原名一枝，字月樵，號攀桂，後以字行；割臺後改名繻，字棄生。鹿港人，是位才子型文人，著有《寄鶴齋詩集》、《寄鶴齋古文集》、《寄鶴齋駢文集》、《寄鶴齋詩話》、《八州遊記》、《八州詩草》、《中東戰紀》及《瀛海偕亡記》等書，多達都百餘卷，洋洋大觀。生前曾選印「無礙當軸」的部分篇幅，刊爲《寄鶴齋文矕》六卷、《寄鶴齋詩矕》四卷[74]，可見其學問之淵博。

洪氏出生於同治五年（1866）十一月，負氣不羈，留心經世之學，又肆力於詩及古文辭。光緒十五年（1889）應秀才考試，在府試時深受臺灣知府羅大佑賞識，拔爲案首，因而順利考取秀才。至十八年（1892），北投保新莊人士延主登瀛書院講席，依現存文獻前後至少有兩年。

洪月樵的詩集中有〈到北投寄兄〉五古一首：

> 健足佩書囊，奚童負行李。攀躋數仞峰，褰涉半溪水。
> 隨雲入遠村，望樹問墟市。回首辨家鄉，不見鹿溪涘。
> 雖隔一重山，已過五十里。息駕竹林中，迎接主人喜。
> 遙拜先生塵，來脫先生屨。款客山人風，肴佳酒亦旨。
> 深樹開講堂，明窗列淨几。此間雖云樂，門閭老母倚。
> 已著孟郊衣，空致仲由米。重累我仲兄，盤匜一身理。
> 憶昨欲別時，兄懷有憂只。去歲痛昊天，蓼莪哀未已。
> 今當季子行，家庭人有幾。聞兄此一言，惆悵不能止。
> 但道咫尺天，朝發夕可抵。勉強拜庭闈，皋此擁於此。
> 日入西山崖，日出東山裏。人在兩山間，吾家在何許。

---

74 參洪棄生，〈弁言〉，《寄鶴齋選集》。

▲洪月樵在再登瀛書院所撰制義文手稿。

舉頭看雲飛，回頭看雲起。遙想吾家中，有人懷季子。[75]

　　這首詩作於光緒十八年（1892），稿下自註「在新莊作」，以詩中所言「健足佩書囊，奚童負行李」、「深樹開講堂，明窗列淨几」等證之，當即指洪月樵之任教登瀛而言，這時洪氏仍必須爲參加福州舉行的舉人考試作準備，故「教學相長」爲其北投之行的最主要目的，因此洪月樵在同年所作《制義文集》，幾乎都是「在新莊作」的文章，一方面自我砥礪，另一方面提供門人參考、揣摩。

<hr/>

75　洪棄生，〈五言古體〉，《寄鶴齋選集·詩選　詩（上）》，頁229。

　　光緒十九年（1893）的〈問民間疾苦對〉，本文性質上屬於「對策」，也有「在新莊作」的註記，可得知本年洪月樵仍在登瀛書院。對策是舉人考試第三場必考文體，登瀛書院教學是以參加秀才考試的童生為對象，雖然秀才小試不需要考對策，但仍必須開始學習這類文體。教學講究按部就班，由淺而深，對策的出現，正可顯示洪月樵第二年度的登瀛課程，已經進入另一階段。光緒二十年（1894）秋，洪氏遠赴福州參加鄉試，而暫時結束了登瀛的教育生涯。

　　洪氏任教登瀛，約有兩年時間，曾於楹柱留下親筆所題對聯：「文運復昌隆，蔚起人才高北斗；祠堂重奐美，巍然廟貌冠南邦。」惜重修之後，抹去原跡，改在內殿的楹柱重新書寫。

　　乙未滄桑後，日本殖民統治，臺灣提早結束了科舉制度，而洪氏感於棄地遺民之痛，乃取西漢「終軍棄繻」典故，改名繻，字棄生，以示不忘故國。日治初期，漢文書房教育，仍普遍受到紳耆的重視。洪氏前在登瀛書院的教學經驗，受到地方人士的肯定，因此草鞋墩莊紳士李春盛再聘請洪氏為西席，教授漢學，再度與今草屯地區結下翰墨因緣，文學家張深切（1903～1965）幼年時代，便是在此書房奠下漢文基礎。

# 第七章　書院基礎
## ——文社、詩社及書房

　　孔子說：「以文會友，以友輔仁。」這句話數千年來一直被讀書人奉爲圭臬，除了講堂上師長的授課外，課餘與同學、朋友的切磋研究，也是獲得新知及學問的重要管道。因此讀書人的結社會友，便成爲我國流傳已久的優良傳統，無論講究文理的文社或擊鉢吟哦的詩社，都具有承傳文化的意義。

## 一、清代文社

　　臺灣最早出現的文社，是清康熙二十四年（1865）正月，

▲彰化崇文社匾額。

▲興賢吟社詩人合影。

由遊宦來臺之縉紳遺老組成的「東吟社」，以明太僕寺卿沈光
文為首，每月會集作詩，也稱「福臺新詠」，屬於詩社性質，
僅維持一段時間，就告銷聲匿跡了。

由於清代是以八股文及試帖詩取士，重文輕詩，讀書人為
了應試，所設立的社團幾乎都是文社，講究的都是八股時文及
試帖詩。清代彰化縣各保也不例外，只有文社沒有詩社。文社
通常都附設於各地文昌祠內，作為讀書人以文會友之所，道光
十年（1830），周璽纂修《彰化縣志》說：「古者黨庠州序而
外，又有家塾，建於里門，即今之社學是也。社學又與閭巷之
小學不同，小學所以訓童蒙，如古者八歲而入小學也。社學則
諸士子會文結社，以為敬業樂群之所，大都有文昌祠，即有社
學，如犁頭店之文昌祠，士子以時會文，而名其學曰騰起社是
也，餘可類推。」就是對清代文社（社學）性質的最好說明。

▲興賢吟社百期詩集。

　　清代臺灣的詩文社在文化傳承上發揮相當的作用，然其在文字上被記錄者除《彰化縣志》〈學校志〉列有十四社，數量較多之外，多屬零星記載，茲整理如次：

表2：清代彰化文社一覽表

| 文社名稱 | 位置 | 創建年代 | 成員 |
|---|---|---|---|
| 拔　社 | 彰化縣鹿港 | 嘉慶年間 | 未詳 |
| 螺青社 | 北斗街文昌祠內 | 道光年間 | 未詳 |
| 萃升社 | | 道光年間或以前 | 未詳 |
| 達　社 | 彰化縣白沙坑 | 道光年間或以前 | 未詳 |
| 景徽社 | 彰化縣線西保 | 清道光年間或以前 | 未詳 |
| 崑山社 | 彰化縣治內 | 道光年間或以前 | 未詳 |
| 玉山社 | 彰化縣治北門外 | 道光年間或以前 | 未詳 |

| 文社名稱 | 位置 | 創建年代 | 成員 |
|---|---|---|---|
| 友賢社 | 彰化縣燕霧上保 | 同治11年 | 吳德功、吳德林、世德昌、賴萬青、謝振聲、陳捷華、吳學源、李文發、李文勤、白一聲、黃查畝等 |
| 荔譜吟社 | 彰化 | 光緒16年（1890） | 蔡德輝等人 |
| 步雲社 | 彰化縣武西保大溝尾 | 光緒年間或以前 | 黃鍾英等 |
| 謙謙社 | 興賢書院內 | | |
| 復韓社 | 武西保瑚璉腳莊 | 同治5年以前 | 邱萃英等 |
| 仰眉社 | 武西保瑚璉腳莊 | 同治7年以前 | 邱萃英等 |

# 二、日治時期詩文社

　　日本時期以後，科舉既廢，書院的功能不再，而各地的文社，亦因之而衰頹，紛紛改制為詩社。其次，一般飽學碩儒或愛好傳統漢文化的文士，以華夏冠裳，淪為異俗，眷懷故國，悲憤填膺，乃借吟詠以抒其鬱悶之氣，是以詩人結社之風愈熾，綜計日治時期五十年間，臺灣的詩社多達二百餘社，彰化亦有十餘社，其中固有沿襲清代文社者，而絕大部分都屬新創，茲表列如次：

▲應社成員。

▲應社油印詩稿。

▲應社詩薈。

表3：日治時期彰化詩文社一覽表

| 文社名稱 | 位置 | 創建年代 | 成員 |
|---|---|---|---|
| 鹿苑吟社 | 鹿港、苑裡 | 明治30年（1897） | 蔡啓運等數十人 |
| 崇文社 | 彰化 | 大正6年（1917） | 吳德功等數十人 |
| 大冶吟社 | 鹿港 | 大正6年（1917） | 施家本等數十人 |
| 興賢吟社 | 員林 | 昭和元年（1926） | 黃溥造等數十人 |
| 鐘樓 | | 昭和4年（1929） | 王養源等十數人 |
| 芸香室 | | 昭和4年（1929） | 王養源等十數人 |
| 蘭社 | 田中 | 昭和5年（1930） | 魏國楨等數十人 |
| 淬礪吟社 | 鹿港 | 昭和8年（1933） | 徐天甫等數十人 |
| 螺溪吟社 | 北斗 | 昭和9年（1934） | 陳子授等數十人 |
| 道東書院 | 和美 | 昭和11年（1936） | 黃文鎔等十數人 |
| 應社 | 彰化 | 昭和14年（1939） | 陳滿盈等廿餘人 |
| 新聲吟社 | 鹿港 | 昭和15年（1940） | 蔡梓材等數十人 |
| 洛江吟社 | 鹿港 | 昭和15年（1940） | 莊幼岳等數十人 |

## 三、書房

　　清代各廳、縣都設立了以辦理教育行政爲主的儒學，但是皆空有學校之名，卻無學校之實，於是乎秀才或童生的深造舉業，便由層級不同的書院來擔負這個任務。然而設置書院，在在都需要經費，只有通都大邑或人文薈萃的地方，才夠能力建得起書院，因此書院（含義塾）教育，就成爲科舉時代的教育主流了。

　　日治時期（1895～1945）之後，新式學校興起，書房首當其衝，受到不少打擊，但在異族統治之下，固有文化漸受摧殘，有識之士紛紛以書房作爲傳播民族精神的場所，即使是日本時代末期所謂「改良書房」的出現，書房仍然扮演著文化薪傳的重要角色。

▲清代書房可分爲啓蒙以及專攻舉子業兩種。

太平洋戰後，學校教育普及，書房功成身退，轉化爲失學民眾業餘的漢文補習班，苟延殘喘，一直至一九六〇年代才銷聲匿跡，爲臺灣數百年來的民間書房教育劃上句點。

清代書房可分爲啓蒙以及專攻舉子業兩種，從事這些工作的塾師，前者稱爲「蒙師」，後者稱爲「經師」。

啓蒙階段，以使童蒙讀書識字爲目的，舉子業階段以應試求取功名爲目的。入學年齡都在六至八歲，就學無一定年限，大約可區分爲小學、中學、大學三個層次，全部要十年的時間，按部就班，完成學業，因此古人往往以「十年寒窗」來形容學子的苦讀，就是這個緣故。

小學以讀《三字經》、《四書》爲主，中學以讀《五經》、作詩對爲主，大學以講究制義（八股文）、試帖爲主，

▲各種書房手抄範本。

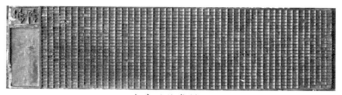

▲書房用試卷刻版。

三個階段所讀的課本，日治時期伊能嘉矩曾將調查作成簡表，內容如下：

表4：清代書房學年及讀本對照表

| 學年 | 經學 | 藝文 | 學年 | 經學 | 藝文 |
|---|---|---|---|---|---|
| 一<br>（七歲） | 三字經<br>大學白文<br>中庸白文<br>論語白文上 | 玉堂對類 | 六<br>（十二歲） | 書經白文<br>易經白文<br>孝經白文 | 童子問路<br>初學引機<br>寄嶽雲齋<br>十歲能文 |
| 二<br>（八歲） | 論語白文下<br>孟子白文上 | 玉堂對類<br>千家詩 | 七<br>（十三歲） | 易經白文<br>春秋左氏傳 | 初學引機<br>寄嶽雲齋<br>能與集<br>小題別體 |
| 三<br>（九歲） | 孟子白文下<br>大學朱熹章句<br>中庸朱熹章句<br>論語朱熹章句 | 聲律啓蒙<br>唐詩合解 | 八<br>（十四歲） | 春秋左氏傳<br>禮記精華 | 能與集<br>小題別體<br>七家詩<br>訓蒙覺路 |
| 四<br>（十歲） | 論語朱熹集註<br>孟子朱熹集註<br>詩經白文<br>幼學群芳 | 唐詩合解<br>起講八式<br>童子問路 | 九<br>（十五歲） | 禮記精華 | 小題別體<br>七家詩<br>青雲集<br>搭題易讀 |
| 五<br>（十一歲） | 孟子朱熹集註<br>詩經白文<br>幼學群芳<br>書經白文 | 唐詩合解<br>童子問路<br>初學引機<br>寄嶽雲齋 | 十<br>（十六歲） | | 青雲集<br>搭題易讀<br>啓悟集<br>小搭清真 |

　　三個階段，視各人需要或資質而定，並無嚴格限制。資質較差的可能只完成中、小學就投入各行各業，甚至往武科發展，完成大學的，應試是唯一出路，準備考試期間，爲了生活，往往又設塾從事教育，教學相長。

　　書房的開學，都在每年正月十五日至二月初一日之間，至十二月下旬散學，課程可分讀書、開講、寫字、課功四大項。讀書：依學年漸進，由淺而深，如上表所列。開講：就課本講說字義、文意。寫字：分爲認字、摸字、看字三階段。至於課

功則是對學生課以詩文，教法包括對仔、文章與詩賦三種。值得一提的，是點讀及背誦方式，所謂點讀，是以銀硃筆照著塾師講授，逐句圈點，遇有破音字，分平、上、去、入四聲加點，俗稱「勾破」。背誦則是按背誦次數寫筆劃，每三遍就寫成一個「天」字，周而復始，「天」字亦越多，背誦的次數也就越多。其次，學生初步的習字範本，是紅色木板印刷的「上大人，孔乙己，化三千，七十士，爾小生，八九子，佳作仁，可知禮，也克己，由乎禮，存心本以仁，玉斗正中元，天文自此全，四方占日月，六合定山川。」習字兼識義，一舉兩得。

　　以上所述，只是通例，事實上每個書房都有一套作法，甚至教材也會有所不同，拙藏清光緒八年（1882）壬午仲秋訂定的「復旦齋主人學規」抄本，將塾內學生分為「初學」、「幼學」、「小學」、「大學」四種，詳記每日作息，茲臚列如次：

初學：以《詩經》叶韻，淑陶性情，或爾雅知古訓釋。午間念七十二賢，既知百家姓，又使希聖希賢。已刻習字，先知一畫，起重行輕，斜按高滾，每日專習一字，五日學一磔，十日學一掠。

幼學：午間念典故二條，如「仲由負米」、「曾參採薪」，能默寫方告歸。先人之言，終身常記。亞聖言：「子弟從之，則孝弟忠信。」

小學：卯刻背經書三百字，并描影格、對策簿奉呈。已刻，淺說其義，以使時習背誦，且資行文開講。午刻，臨帖七十二法，從永字八法來，當知輕重。未刻，統論昨日所讀，以便夜間溫習熟。酉刻，統論三日內所讀，完即養神。日知新，夜溫故，昨日讀，今日溫，既省功，又快識，興最

▲啟蒙讀本《千家詩》。

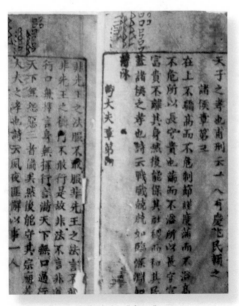

▲啟蒙讀本《孝經》。

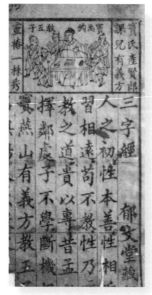

▲啓蒙讀本《三字經》。

▲啓蒙讀本《四書集註》。

> 豪，神不倦，世言打鐵乘熱，省另起爐灶也。剛
> 日做小講，讀小講；柔日做律詩，讀律詩。
>
> 大學：《每日工程説》：早古文一，時文一，得意者或
> 半篇，或二比。午講説經義五百字，晚吟詩一
> 首，臨帖一畫，夜温經及書、詩、古文、時文、
> 三年內既得文千篇、詩千首。經書五十萬字，所
> 最善者，在昨日背誦，今夜即温。

　　從復旦齋所訂定的學規來看，可知它是一所以培養科舉人才爲目的的書房，收容各種程度學生，分別施教，由初學到大學，每個環節都馬虎不得。此外，有些以教授童蒙識字爲目的的書房，學生將來主要是從事商業，因此在教材方面也較爲淺近、活潑，除了一般的《三字經》、《四書》外，還有《增廣昔時賢文》、《千金譜》、《指南尺牘》等較實用性的讀物，特別是《千金譜》一書，據説是一位泉州文士，爲適應商店學習數算所編寫的通俗教材，書中用長短句的歌謠形式，以某一大商到天津、蘇州、廣東等地辦貨爲經，以各色貨名爲緯，叶以音韻，俾易於上口，字裡行間，還穿插若干警惕商旅的詞句，非常有意義。

　　光緒二十一年，臺灣割讓給日本，科舉制度可説是提前廢上了。科舉制度既廢，傳統的書院教育首當其衝，被日本人所設的新制學校取而代之。日治初期，民間仍普遍認爲日本人在臺只是短暫的，日本人走了之後，仍將恢復科舉考試，因此較保守的人還送子弟進書房，治舉子業，希望有朝一日考秀才、考舉人。不過，老一輩的科舉美夢，很快就破滅了。日治中期之後，公學校的設立，雖已經非常普遍，但書房仍繼續存在著，一方面它可提供失學民眾的就學機會，另一方面，許多人

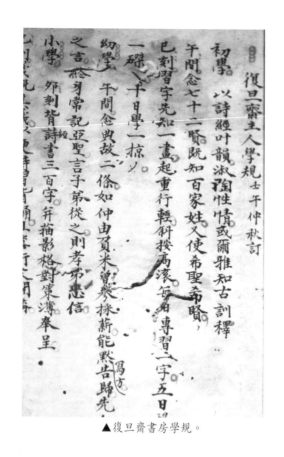

▲復旦齋書房學規。

深恐子弟接受日式教育而忘了本，於是又利用晚上時間，將子弟送到書房，希望他們透過儒家思想的薰陶，學到修身處世的道理。

　　書房的存在，對於日本人推動的教育政策，無疑是一個相當大的阻力，尤其是在日語的推廣方面，更滯礙難行。早期當局雖有所謂「國語傳習所」的設立，作為侵略與統治手段，但設立之初，由於社會上仍通用漢文，修習日語無助於日常生活，加以對日人有種種疑慮，臺人子弟大多仍進傳統書房修習

漢文，以致「國語傳習所」難以和書房競爭。基於現實的需要，臺灣總督府不得不制定書房管理規程及修訂「國語傳習所」規則，增設漢文課程，聘請書房教師擔任教學工作，使「國語傳習所」與書房形成分庭抗禮的局面。

明治三十一年（1898）七月，總督府發布〈臺灣公學校令〉，普遍設立六年制公學校取代過去的「國語傳習所」。同年十一月，另頒「關於書房義務規程」，正式將書房納入管理，規定書房應漸加設日語、算術等科目，企圖使書房變成公學校教育的輔助機關，從此乃有所謂「改良書房」的出現，但大多改良書房，只是虛應故事，做些表面工作，並無成效可言。

昭和十二年（1937），「蘆溝橋事變」後，日人為了使臺地居民也具有日本國民的愛國心與犧牲精神，遂提倡「皇民化運動」，逐步擴展，昭和十六年（1941）以後，將整個運動推向高潮──「皇民奉公運動」，禁止漢文，傳統書房也在禁止之列。

據一位出身「改良書房」家庭的江姓耆老說，「皇民化運動」後，他們家的「改良書房」仍可開課，一般書房則不能活動，但「改良書房」要全部使用日語教學，即使是《四書》等傳統教材也不例外，不過只是陽奉陰違，跟警察捉迷藏，警察來了，大聲用日語朗誦，警察一走，又恢復舊式教學，這種情形一直持續到戰爭結束。

二次戰後，書房經過日人的高壓禁止，本就已逐漸式微，國民學校的設立又極為普遍，書房自然而然遭受時代的淘汰。為了適應時代的趨勢，書房也不得不調整步伐，紛紛改為「國文補習班」，向政府申請牌照繼續開班教學，而招生對象已不再侷限於兒童，連目不識丁的大人們也趨之若鶩，儼然成為書

房教育劃下休止符前的迴光返照。

　　這時的書房，通常都利用民宅在晚上上課，教材少得可憐，最常見的只是一本《指南尺牘》，教導學生們認字及寫簡單的書信而已，談不上先聖先賢教化的薰陶。當然也有若干較著名的書房，仍使用《四書》、《古文觀止》等教材，如設教南投縣草屯縣紫薇宮的簡平安，作育英才不少，頗受地方人士的推崇。一九六○年代，國民教育更為普及，書房終於功成身退，走進歷史。

# 第八章　書院與科舉

　　清代以科舉取士，書院教育爲推動科舉考試的主力，十
年寒窗，期待的是金榜題名，光宗耀祖。而附屬書院、文昌祠
以及各地書房，雖有層次之別，其以科舉題名爲目標，則無二
致。（參見第七章表4）

　　清代文科考試，凡三大步驟：一是學政主持的秀才科試，
錄取者稱爲生員；二是取得秀才資格者齊集省城而考的「鄉
試」，錄取者爲「舉人」；三是進京應禮部會試，錄取者稱
「貢士」，再直接應殿試，依三甲排定名次，稱爲「進士」，
前三名爲狀元、榜眼、探花。

　　各階段略述如次：

▲考試習作用紙刻版（局部）。

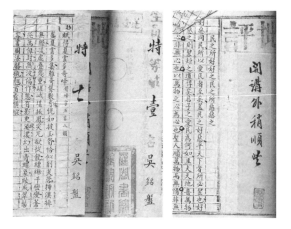

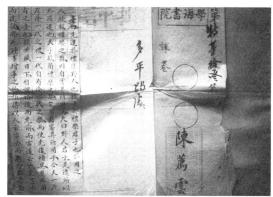

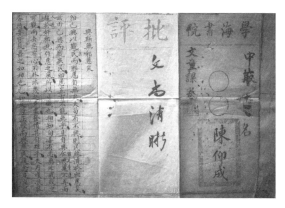

▲書院試卷。

# 一、秀才考試

## （一）小試

有名的一首臺灣童謠〈月光光〉，開頭就說道：「月光光，秀才郎，騎白馬，過南塘。」另外，還有一些年輕朋友都耳熟能詳的俗語，如「秀才不出門，能知天下事。」「秀才遇到兵，有理說不清。」談到「秀才」兩個字，也許大家並不陌生，但到底什麼是秀才？可能就不那麼容易了。

所謂秀才，正式的名稱叫做「生員」，也就是清代府儒學或縣儒學的學生，因此有人認爲清代的縣學生員，相當於現在的國中學生，府學生員則相當於高中學生，其實這種說法只知其一，不知其二，並不正確，何以見得呢？首先從參加秀才考試而言，他們都經歷了「從經師治經史、古文、詩律、舉子業」的階段，滿腹經綸，四書五經嫻熟，即已相當於現在的大學畢業生資格，甚至有些早已是絳帳授徒，作育英才的老師宿儒了。其次，考取秀才者，多已具備鄉紳地位，與目前的中學生絕無法相提並論。筆者認爲秀才考試及格，才有資格參加省級的「鄉試」，那麼嚴格來說，秀才的資歷至少應比擬於現代研究所或大學學生，或許較爲妥當。

秀才考試又稱「小試」或「童子試」，每三年舉行兩次，逢辰、戌、丑、未年，稱爲「歲試」，文武童生並考，逢寅、申、己、亥年，稱爲「科試」，只考文童生。每次的考試，須經過縣試、府試、院試（學政）三個階段，歷盡千辛萬苦。報名應試者，無論年紀多大，通稱爲「童生」，但考試時則分「已冠」、「未冠」分別出題。「未冠」是十五歲以下，俗稱「幼童」。

▲童生階段祝賀匾額。

　　縣試由知縣主持，儒學教諭（俗稱教官，相當於縣政府教育局長）監試，考前一個月公告日期，考生須向縣署禮房報名，共有三道手續，一是填寫本身及三代的詳細資料，一是取具同考五人互結，有作弊行為，五人連坐，一是請本縣廩生蓋印具結認保，保證該考生無冒籍、匿喪、頂替、假名以及身家清白。清代制度規定居父母喪的丁憂期間，不得應考，又有娼、優（戲子）、皂隸等子孫不得應試的規定，但乞丐子孫則不在此限，這是一項有趣卻不合理的規定，不知因此埋沒了多少人才。

　　縣試共考六場，各有不同的名稱，依序分別是「正場」、「覆經」、「首覆」、「次覆」、「三覆」、「團覆」，俗稱一考五覆。每場考試揭曉後，文學較差的就被陸續淘汰，正場大約百名淘汰十名。以清末淡水縣為例，考生千人，頭一場就刷掉了一百人，剩九百人，放榜方式是以五十人姓名寫成一圓環形，合格的九百人共為十八環，張貼牆上。最後一場團覆考完，例由禮房設宴款待考生，不過臺灣一些較貧窮的縣份，只是以湯麵一碗、麵包三個虛應了事。

縣試第一名稱爲「縣案首」，各縣案首皆有一不成文的規定，就是將來除非發生重大事情，否則院試必取進秀才。鹿港宿儒洪攀桂，當年就是彰化縣案首而取進秀才的。

府試也是考六場，各場名稱與縣試相同，第一名稱「府案首」，與縣案首待遇相同，都是準秀才。縣、府考試皆及格的考生，才有資格參加提督學政舉行的「院試」，臺灣的學政由臺灣道兼任。臺灣道亦在臺灣府城，即今臺南市（臺灣道署址在今永福國小內），院試只考兩場，就決定棄取，正場合格，俗稱「掛水牌」，名額大約是秀才名額的兩倍，只有縣試應考人數的百分之三。次場稱爲「覆考」，掛水牌考生，又有一半落第，通過這一關的，便是準秀才，而掛水牌仍沒有考上的，俗稱「秀才半進」，在最後關頭，功虧一簣，非常可惜。

兩場院試之後，已錄取的準秀才，須再加考一場覆試，稱爲「覆紅榜」，這場考試，只決定名次高下，無關緊要，最後用紅榜公告，被取者稱爲「進學」，統稱爲「生員」，俗稱

▲新臺中府考棚湧泉閣。

▲秀才住宅依例書寫國恩家慶。

秀才或雅稱茂才、博士弟子員。依成績的高下分發，成績較優
者，分發到府學，其餘分發各原籍縣學。如從縣試到府試、院
試都第一名，稱為「小三元」，這在清代是一項很高的榮譽。

　　秀才考試，雖然只是童子試，但關係考生前途甚大，不過
是否能通過這項考試，有時還要靠點運氣。童生考不上秀才，
永遠都是「童生」，許多人滿腹文章，卻終身與秀才無緣，令
人感慨。學問好的童生，一般都以教學為業，期能教學相長，
繼續準備下一次的考試。

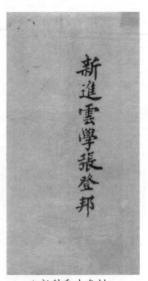

▲新科秀才名刺。

　　以清代的臺灣而言，童生的程度，因城鄉間的差異而有顯著的不同。鳳山縣因地處偏僻，童生程度較差，常被臺灣府城人瞧不起，甚至流傳一句歇後語：「鳳山童生──不通」。有一則笑話，說是某鳳山童生赴府城應考，某日，童生赴剃頭店，看見剃頭師傅準備吸煙，因煙油甚多，堵塞了煙管，不禁搖頭嘆道：「眞是鳳山童生！」此童生一聽，一臉不高興，就問他：「鳳山童生便是如何？」剃頭師傅恍然大悟，忙陪笑臉道：「我是說這枝煙管，煙油堆積甚厚，有如鳳山童生滿腹膏脂（即滿腹珠璣之意）。」這才化解了不甚愉快的場面。

　　某些偏遠地區，讀書人口本就不多，能參加院試的，已屬難能可貴。目前保存於鹿谷鄉廣興村（當年亦彰化縣轄）的一座紀念傅氏的「賢德可嘉」古碑，特別提到傅氏之夫許睿「六赴院試幾售」，換句話說，參加六次院試都沒錄取，眞是造化

弄人，但當地僻處山區，能六次通過縣、府試進入院試，確已不易，無怪乎碑記上仍大書特書，引以為榮。

## （二）秀才補廩與出貢

考秀才是從前讀書人進身仕途的第一步，也是最重要的一個環節，具備了秀才資格，就增加了不少社會地位，又可享受免徭役、免丁稅、見地方官可站立回話、不得施以笞刑等多項優待，甚至連秀才老爸也沾了不少光，左鄰右舍相見，都還得尊稱一聲「老太爺」呢！當然秀才們並非從此高枕無憂，即使不再赴省城參加鄉試（舉人考試），也得年年為「歲試」而提心吊膽，以前有句俗諺說：「秀才怕歲考」，就是由此而來，若三年不參加考試，依規定就要革除生員學籍。

初進學的秀才，稱為「附生」，附生陞「廩生」（領有月廩。後於名額之外，增加名額，稱增廩生，亦稱增生），廩生陞「歲貢生」（恩貢生），歲貢出缺，由歲試取錄一等的廩生當中，依年資順序遞補。以臺灣的情形來說，通常府學廩生要經過十五、六年，縣學廩生要經過十年，才可輪到第一順位出貢，不過也有幾個特例，即當年進學，年末補廩，翌年出貢，這是因行政區域調整的關係，適逢其會，清光緒十一年（1885），臺灣改建行省，新設臺灣（臺中）、雲林、苗栗等縣，新設的縣份，沒有年資問題，不須挨補，如臺中的蔡蓮舫以十六歲進學、十七歲補廩、十八歲出貢，便是著名的例子。

廩生遇有出貢、中舉、事故、丁憂、死亡等情形，必須出缺，於是便由歲試一等前五名秀才以次補廩。其中因事故被革的廩生，不能直接恢復廩生頭銜，須再參加歲試且取錄一等，遇缺再補，丁憂出缺的廩生除例之外，還得有三年服滿的時間限制。

▲拔貢匾額。

▲秀才青襟。

　　廩生出貢有一定的年限，清初臺灣府學是每年一貢，臺灣、鳳山、諸羅縣學二年一貢，彰化初設縣時，則是四年一貢，到清乾隆末年才改為二年一貢，這些依序出貢的貢生，便稱為「歲貢」，假如出貢的年份，朝廷恰有重大慶典或皇帝萬壽、登基、大婚等事，這年增額的貢生便叫「恩貢」，恩貢與歲貢本來沒有兩樣，但恩貢卻享有一貢歲貢所無的特權，非有重罪，學政不能呈請革去其科名。

　　歲貢、恩貢之外，有「拔貢」、「優貢」、「副貢」三種貢生，都屬正途出身，必須通過考試才錄取，與歲、恩貢的遞補制度不同。拔貢逢酉一選，換句話說十二年才考一次，凡是最近屢試優等，都可自行參加，因拔貢須進京覆試，優選者以小京官用，次選者以教諭用，所以學政對拔貢的甄選最為重視，寧缺勿濫，絕不敢馬虎。但在臺灣據說還有一項不成文規定，即除了文章要好外，資財要富也是必備條件，原因就是與進京覆試有關，如果選拔個窮秀才，無法成行，可能連學政都要受牽累。

　　拔貢的產生既然如此不易，物以稀為貴，拔貢的社會地位也最為崇高，連舉人出身都難望其項背。從前彰化縣城每十二年舉行一次隆重的送聖蹟（字紙灰）繞境，即是以當年的新科拔貢騎白馬為前導，由此可見拔貢受到重視的程度了。

　　至於優貢、副貢，也不是常有。前者例由地方教官保舉所屬品學兼優的生員，呈送學政會同巡撫考試，非常難得，以清代的彰化縣為例，就沒有產生過優貢。後者則是就鄉試卷中，選取文極佳卻以額滿見遺或極好卷中有瑕疵者（如漏字、塗改）取入副榜，稱為副貢。副貢沒有參加會試的權利，但如有機會仍可任教職。

　　正途五貢外，又有「准貢」、「廩貢」、「增貢」、「附

貢」、「例貢」等貢生名目。凡廩生供職軍中納貲捐貢者皆稱准貢，廩生未待期滿前納貲捐貢，稱廩貢，由增生納貲捐貢稱增貢，由附生納貲捐貢，稱附貢，由布衣納貲捐貢或監生增貲加捐者，稱例貢，這些貢生都無須經過歲考，社會上並不太重視。

　　貢生一般雅稱「明經」，或「明經進士」。廩生出貢後，才「出學」，有點類似現在的學校畢業，不再受學官管束，也不必參加歲考，有職就職，無職則開班授徒，收幾個學生，做個鄉紳，就此終老一生了。茲將貢生名目表列如次：

表5：正途五貢表

| 名稱 | 出貢方式 |
|---|---|
| 歲　貢 | ○清初臺灣府學：每年一貢。<br>○臺灣、鳳山、諸羅縣學：二年一貢。<br>○彰化縣學：初為四年一貢，乾隆末年改為二年一貢。 |
| 恩　貢 | 出貢年份，逢皇室或朝廷大慶之增額歲貢稱為恩貢。 |
| 拔　貢 | 經地方官保舉，呈送學政後會同巡撫考試合格者。 |
| 優　貢 | 由地方教官保舉所屬品學兼優的生員呈送學政會同巡撫考試合格者。 |
| 附　貢 | 鄉試文卷中選取文極佳卻以額滿見遺或略有瑕疵而入副榜者。 |

表6：捐納五貢表

| 名稱 | 出貢方式 |
|---|---|
| 准　貢 | 廩生供職軍中納貲捐貢者。 |
| 廩　貢 | 廩生末待期滿前納貲者。 |
| 增　貢 | 增生納貲捐貢者。 |
| 附　貢 | 附生納貲捐貢者。 |
| 例　貢 | 布依納貲捐貢者，或者監生增貲加捐者。 |

## （三）秀才學校——孔子廟

　　孔子廟，奉祀大成至聖先師——孔子，這是一所大家非常

▲彰化儒學代表：彰化孔子廟。

▲彰化儒學下馬碑。

▲臺南孔廟泮池。

熟悉的廟宇，每年考試旺季，必然有許多考生來此膜拜，祈求
金榜題名。孔子廟，顧名思義應該是廟宇，但翻開清代的府、
縣、廳志，卻不將它列在「祠廟」門，而是列在「學校」門，
稱為「儒學」，換句話說，孔子廟在清代原就是一所學校，具
入學資格的，必須是經過縣、府、學院三關考試通過的儒生，
因此孔子廟實際上也是一所秀才學校。

　　儒學因行政層級的不同，有府學、州學、廳學、縣學的分
別，在臺灣雖有清末成立的臺東直隸州，不過還沒有州學。府
學地位較高，廳、縣學次之，學生成績特優的，分發到府學，
其餘撥到各廳、縣。

　　當各府、縣奉到學政發下的「紅榜」（錄取名單）後，
就立即展開作業，擇定日期，召集新科秀才在各府、縣大堂集
合，由知府（或知縣）率領到孔子廟，先向孔子牌位行禮，知

府（知縣）告退後，隨即由教官（府學稱爲教授，縣學稱爲教諭）講經片刻，接著到孔子廟前的「泮水」繞池一周，這便是新科秀才的入學典禮。

在規制上孔子廟固然是屬於學校，設有教官，但事實上清代設立儒學，主要是辦理行政事務，教官遇有歲考、童試、科考時，編造名冊、考場監試是他們的職務，平時則按月向生員考課一次，另外又負責春秋兩次的祭孔大典，其他時間幾乎無所事事。

現代學校都有「學生守則」之類的規條，讓學生有所遵循。其實，早在清代的儒學就有了「學生守則」，而且還鄭重其事的刻成石碑，立在醒目之處，好讓學生能隨時閱讀、警惕。

清代的「學生守則」，頒於清順治九年（1652），稱爲「御製臥碑文」，全國一致，共有八條條文。目前臺灣幾個古老的孔子廟，都保存著這個石碑，彰化孔廟亦有此碑。

這塊石碑既名「臥碑」，形制上自然與眾不同，通常我們所見到的石碑，嵌於壁上的，才可能現橫式的，若立於地面，必爲直式，但只要留意孔子廟內各石碑，便可發現有一面是橫

▲彰化儒學臥碑。

式的，那就是「臥碑」（臥字有人臣之意）了。碑文內容除前言外，共列舉八條生員必須遵守的事項，它是這樣寫的：

臥碑文（順治九年，上命禮部頒行直省各府、州、縣刊刻學宮，俾知遵守）

朝廷建立學校，選取生員，免其丁糧、厚以廩膳，設學院學道學官以教之，各衙門官以禮相待，全要養成賢才，以供朝廷之用。諸生皆當上報國恩，下立人品。所有教條，開列於後：

一、生員之家，父母賢智者，子當受教；父母愚魯，或有非爲者，子既讀書明理，當再三懇告，使父母不

▼彰化儒學櫺星門。

陷於危亡。

一、生員立志,當學為忠臣清官,書史所載忠清事蹟,
　　務須互相講究;凡利國愛民之事,更宜留心。

一、生員居心忠厚正直,讀書方有實用,出仕必作良
　　吏,若心術邪刻,讀書必無成就,為官必取禍患;
　　行害人之事者,往往自殺其身,常宜思省。

一、生員不可干求官長、結交勢要,希圖進身;若果心
　　善德全,上天知之,必加以福。

一、生員當愛身忍性,凡有司官衙門不可輕入。即有切
　　己之事,止許家人代告,不許干與他人詞訟,他人
　　亦不許牽連生員作證。

一、為學當尊敬先生,若講說,皆須誠心聽受;如有未

▼彰化儒學與萬仞宮牆碑。

▲臺南孔子廟爲全臺首學。

　　明，從容再問，毋妄行辯難。爲師者，亦當盡心教
　　訓，勿致怠惰。
一、軍民一切利病，不許生員陳言；如有一言建白，以
　　違制論，黜革治罪。
一、生員不許糾黨多人，立盟結社，把持官府，武斷鄉
　　曲。所作文字，不許妄行刊刻。違者，聽提調官治
　　罪。

　　這八條「學生守則」，表面上，當然是勸戒學生們如何
爲人處事，但從最後兩條來看，清廷頒行「臥碑文」的目的，
就昭然若揭了。原來當初清人入關不久，許多地方仍有抗清行
動，特別是中國東南沿海一帶，清廷一方面籠絡士子，另一方
面也不忘加以箝制。最後兩條，就是要求學生認眞讀書，絕對
不容許「上書諫言」，過問政事，也不得「立盟結社」，甚至

連作品也不許「妄行刊刻」。

清代彰化縣自清初一直到清光緒十三年（1887）以前，讀書人求取功名的第一關「縣試」，都在彰化縣儒學應考，以後所錄取的，除少數是臺灣府「郡庠生」外，其餘都屬彰化「邑庠生」。臺灣建省之後，新設臺灣府及下轄臺灣縣、雲林縣、苗栗縣、埔裏社廳。南、北投保（今南投市、草屯鎮）改屬新臺灣縣（即臺中縣），儒生須往臺中方面應縣試、府試。雲林縣（包括今南投之竹山、鹿谷）、埔裏社廳因未設儒學，仍在彰化考縣試，但府試也就近改往臺中，於是開始有了臺中的「郡庠生」與「邑庠生」，不過僅有短短幾年，臺灣就割讓給日本了。目前新臺灣縣（臺中縣）儒學已不存在，新臺灣府（臺中府）考棚，則尚留有殘蹟，爲一福州式建築。

至於彰化儒學，仍安然無恙，僅泮池部分在日治時期因開路被毀，臥碑立在大成殿前的欞星門內，不妨前往憑弔，領略當年秀才們的心境。

## 二、鄉試

俗語說：「一舉成名天下知。」這句話國、中小學生都耳熟能詳，出現在作文簿的機率也相當大。如果將它來形容科舉時代舉人考試榜上題名，那是最恰當不過。

從前舉人考試，三年一科，正式名稱叫「鄉試」，考上的就是「舉人」。鄉試都在各省會舉行，臺灣舊屬福建省，因此每年秋八月，各廳縣具備考試資格的秀才，便得冒著風濤之險，渡海到省城福州參加考試，這遙遠的路程，對窮苦的讀書人而言，的確是一項負擔，要是沒有眞才實學，還眞不敢貿然前往！光緒十一年（1885），臺灣改建行省，但教育行政上，

並無重大改變，秀才應鄉試，仍必須到對岸的福州，一直到割臺依然如此。

鄉試的考場，有一特別名稱叫「貢院」，每次須考三場，每日一場，共三日考完。三場考試，除了清末自壬寅科廢除八股文、試帖詩，改試經義策論，曾作重大改變外，在清代治臺期間，幾乎一成不變，也就是第一場考制義（又名時文或八股文），包括《論語》、《孟子》、《大學》、《中庸》制義一篇，五言八韻試帖詩一首。第二場考《詩經》、《書經》、《易經》、《禮記》、《春秋》五經經義，一場三篇，各篇以七百字為準。第三場考對策（相當於現代的申論題）五道，每問不得超過五百字。

以清咸豐九年（1859）恩科併補行戊午正科的福建省鄉試為例，這科第一場的四書題，分別是：

▲貢院。

「大學之道」
「動之不以禮」
「地之相去也，千有餘里，世之相後也，千有餘歲，得志行乎。」
「中國若合符節，先聖後聖，其揆一也。」

詩題是：

「賦得詩似冰壺見底清」，得「詩」字，五言八韻。

第三場五經題分別是：

「履信思手順，又以尚賢也。」
「詩言志，歌詠言。」
「呦呦鹿鳴，食野之苹，我有嘉賓，鼓瑟吹笙。」
「春齊侯宋人陳人蔡會於此否（莊公十有三年）。」
「涼風至，白露降，寒蟬鳴。」

第三場第五道，每道光是題目就有二、三百字，每問之中又包含了七、八個子題。第一道是關於經學，五經都包括在內；第二道是史學，所問包括《史記》、《漢書》、《唐書》、《三國志》、《五代史》等；第三道是聲韻之學；第四道是宋儒理學；第五道則是因時地制宜的問題，乃針對時勢及地域而出的題目，題目如下：

東南各省皆濱大海，倉粟之轉運，貨舶之往來，履險如平，利至鉅也，然海外地廣易於藏奸，匪徒出沒無

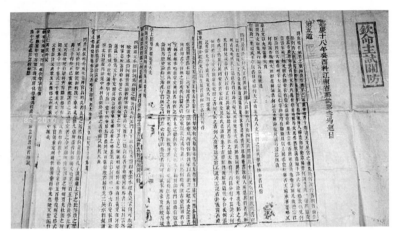

▲鄉試策論考題。

定，何道以安輯之？內洋外洋有可哨而不可守者，有可寄而不可久泊者，其要隘之地何在？即如閩地與泉、福、漳皆當海口，澎湖、南澳足為外蔽，其他島嶼星羅棋布，形勢若何？舟師之設始於何書何載？可考證歟？市舶司設於元代，何以至明而罷，或謂設市舶司，或謂設市舶，則利權在上，罷則利孔在下，然歟？明倭寇為患，海防乃密，其鎮戍巡哨之法，舟艦器械之制，何者為善？戚繼光紀效新書、練兵實紀，悉本心得以成書，非空談將略者可比，能舉其說歟？我皇上整飭戎行，修明武備，生長海邦者尤當知悉情形，其剴陳之，以備採擇焉。

　　有人常說，清代的的科舉取士，所錄取者往往都是一些飽讀詩書、不識時勢的書呆子，但從上面最後一道對策看來，似乎就不盡然了。

　　舉人的取中名額，舊稱「解額」，福建全省名額常常在變，當然臺灣的解額也因時代先後有所不同。清人得臺之初的

▲國朝舉人題名。

▲咸豐五年乙卯科舉人林鳳池。

▲簡化成舉人執事牌。

清康熙年間，曾詔令於閩省鄉闈，將臺灣另編字號，保障一個舉人名額，至康熙三十六年（1679）廢止，與閩省一體取中，自此赴福州參加鄉試的，乃日益減少。

到了雍正七年（1729），才從巡臺御史夏之芳之請，恢復另編字號取中一名，十三年（1735），又增加一名。嘉慶十五年（1810），清廷因平定盜寇蔡牽，而臺灣的讀書人捐了不少錢，於是以「臺士急公向義」為由，特別加了一名。道光八年（1828），閩浙總督孫爾準奏增加一名，保障粵籍生，至此全臺閩、粵籍解額共四名，乃成為定例。

上述咸豐九年（1859）恩科併補行戊午正科，因是兩科合併舉行，名額固然要加倍錄取，但因這科考生多達九千多人，又加額錄取，因此，在錄取總額只有二百零五名當中，臺灣籍的考生就多達十四名，包括李望洋、李文元、吳尚霑、陳肇興、陳有容、簡化成、李春波、韋國琛、余春錦，以及蔡德芳、黃煥奎、陳培松、陳維英、陳謙光，其中粵籍兩名，一是余春錦、一是陳謙光。

從臺灣解額分配來看，早期只有一名，甚至取消，到後來的三、四名，可知想要考上舉人並不太容易，滿腹經綸固是首要的條件，但仍須靠一點機運。

表7：彰化縣歷科舉人名錄

| 科份 | 姓名 | 籍貫 | 學籍 | 其他 |
|---|---|---|---|---|
| 乾隆24年己卯科 | 白紫雲 | 彰化縣祖籍安溪 | 彰化縣學附生 | |
| 乾隆42年丁酉科 | 陳檕 | 彰化縣祖籍晉江 | 彰化縣學廩生 | 中式第20名。 |
| 乾隆44年己亥恩科 | 尤式鈺 | 彰化縣祖籍晉江 | 彰化縣學附生 | |

| 科份 | 姓名 | 籍貫 | 學籍 | 其他 |
|---|---|---|---|---|
| 乾隆45年庚子科 | 曾大源（號荻軒） | 彰化縣祖籍晉江 | 臺灣府學附生 | 以軍功任內閣中書。歷任文淵閣校閱、軍機處行走。 |
| 乾隆57年壬子科 | 何肇成 | 彰化縣祖籍詔安 | 彰化縣學附生 | |
| 嘉慶6年辛酉科 | 劉大業 | 彰化縣祖籍晉江 | 彰化縣學廩生 | 選福州府學訓導。 |
| 嘉慶6年辛酉科 | 許廷杰 | 彰化縣祖籍永春州 | 彰化縣學附生 | 選晉江縣學訓導。 |
| 嘉慶9年甲子科 | 王三錫 | 彰化縣祖籍永春州 | 彰化縣學附生 | 選羅源縣學訓導。 |
| 嘉慶12年丁卯科 | 林煥章 | 彰化縣祖籍永春州 | 彰化縣學附生 | |
| 嘉慶12年丁卯科 | 鄭捧日 | 彰化縣祖籍晉江 | 彰化縣學廩生 | 選大田縣學訓導。 |
| 嘉慶15年庚午科 | 王圭璋 | 彰化縣祖籍同安 | 彰化縣學附生 | |
| 嘉慶15庚午科 | 楊啓元（字訥齋） | 彰化縣東螺保祖籍同安 | 嘉義縣學生員 | |
| 嘉慶18年癸酉科 | 王克成（原姓蔡） | 彰化縣祖籍安溪 | 彰化縣學附生 | |
| 嘉慶21年丙子科 | 林遜賢（改名世賢） | 彰化縣祖籍晉江 | 彰化縣學附生 | 捐內閣中書。 |
| 嘉慶21年丙子科 | 曾作霖（字雨若） | 彰化縣祖籍晉江 | 彰化縣學廩生 | 選閩清縣學訓導。 |
| 嘉慶21年丙子科 | 林廷璋（號荻軒） | 彰化縣祖籍晉江 | 臺灣府學附生 | 與胞侄遜賢同榜，年俱未冠，軍功以直隸州州同儘先選用。 |
| 嘉慶23年戊寅恩科 | 曾維楨（號雲松） | 彰化縣白沙坑莊祖籍晉江 | 彰化縣學附生 | 中式第3名。 |
| 嘉慶23年戊寅恩科 | 葉向榮 | 彰化縣祖籍晉江 | 彰化縣學附生 | |

| 科份 | 姓名 | 籍貫 | 學籍 | 其他 |
|---|---|---|---|---|
| 嘉慶23年戊寅恩科 | 鄭用錫（字在中，號祉亭。） | 淡水廳祖籍同安 | 淡水廳學廩生 | 原彰化縣學廩生，改歸淡廳學中式。道光3年癸未登進士第。 |
| 道光元年辛巳恩科 | 柯琮璜 | 彰化縣祖籍晉江 | 彰化縣學廩生 | |
| 道光2年壬午科 | 洪天衢 | 彰化縣祖籍晉江 | 彰化縣學附生 | |
| 道光8年戊子科 | 謝有祥 | 彰化縣 | 彰化縣學附生 | |
| 道光11年辛卯科 | 梁濟時 | 彰化縣祖籍南安 | 彰化縣學附生 | |
| 道光12年壬辰恩科 | 王滋培 | 彰化縣祖籍同安 | 彰化縣學廩生 | |
| 道光19年己亥科 | 楊占鰲（字騰六，號冠山） | 彰化縣湖日莊原籍平和 | 臺灣府學廩生 | |
| 道光23年癸卯科 | 邱位南（字石莊） | 彰化縣原籍南靖 | 臺灣府學附生 | 大挑知縣。 |
| 道光26年丙午科 | 陳宗潢 | 彰化縣鹿港祖籍同安 | 彰化縣學生員 | 內閣中書。 |
| 道光29年己酉科 | 陳雲史 | 淡水廳中港頭份 | 原彰化學員 | 臺灣府學生員。 |
| 道光29年己酉科 | 施啓東 | 彰化縣原籍晉江 | 未詳 | |
| 道光29年己酉科 | 陳光昌 | 彰化縣 | 未詳 | |
| 咸豐元年辛亥恩科 | 蔡鴻猷（字濟卿，號鰲山） | 彰化縣寓鰲頭原籍晉江 | 臺灣縣學附生 | 中式第96名。 |
| 咸豐5年乙卯科 | 蔡啓華 | 彰化縣原籍晉江 | 彰化縣學生員 | 大挑知縣。 |
| 咸豐5年乙卯科 | 林鳳池 | 彰化縣沙連保大坪頂原籍龍溪 | 彰化縣學附生 | 官內閣中書、候補廣東同知。 |
| 咸豐9年己未恩科補行戊午正科 | 陳肇興（字伯康） | 彰化縣治原籍平和 | 彰化縣學廩生 | 中式第85名。 |

| 科份 | 姓名 | 籍貫 | 學籍 | 其他 |
|---|---|---|---|---|
| 咸豐9年己未恩科補行戊午正科 | 簡化成（字榮卿） | 彰化縣南北投保 原籍漳州 | 彰化縣學生員 | 中式第103名，大挑知縣。 |
| 咸豐9年己未恩科補行戊午正科 | 蔡德芳（號香鄰） | 彰化縣鹿港 原籍晉江 | 彰化縣學生員 | 中式第170名。掌教文開書院，清同治13年（1874）成進士，官廣東省新興知縣。任滿，主講白沙書院。 |
| 咸豐9年己未恩科補行戊午正科 | 黃煥奎 | 彰化縣 祖籍晉江 | 彰化縣學附生 | 中式第175名。官至臺北府學教授。 |
| 同治元年壬戌恩科補行辛酉正科 | 廖宗英 | 彰化縣 祖籍晉江 | 彰化縣學生員 | |
| 同治元年壬戌恩科補行辛酉正科 | 蔡鴻章 | 彰化縣 祖籍晉江 | 彰化縣學生員 | |
| 同治12年癸酉科 | 施炳修（原名葆修） | 彰化縣鹿港 | 彰化縣學廩生 | |
| 光緒元年乙亥恩科 | 黃玉書 | 彰化縣鹿港 | 彰化縣學生員 | 光緒16年（1890）貢士。 |
| 光緒2年丙子科 | 曾雲峰（字清孺） | 臺灣縣 寄籍彰化縣 | 彰化縣學監生 | 中式第34名。 |
| 光緒2年丙子科 | 徐仲山（字次岳） | 彰化縣 粵籍 | 彰化縣學附生 | 中式第55名。 |
| 光緒5年己卯科 | 莊士勳（號竹書） | 彰化縣鹿港 原籍晉江 | 彰化縣學附生 | 掌教文開書院。 |
| 光緒5年己卯科 | 蔡壽星（字樞南） | 彰化縣鹿港 原籍晉江 | 彰化縣學附生 | |
| 光緒5年壬午科 | 陳大猷 | 彰化縣 原籍安溪 | 彰化縣學生員 | |
| 光緒8年壬午科 | 吳廷琪 | 彰化縣 | 彰化縣學附生 | |
| 光緒8年壬午科 | 李清琦 | 彰化縣 | 彰化縣學 | 光緒20年（1894年）二甲進士。 |

| 科份 | 姓名 | 籍貫 | 學籍 | 其他 |
|---|---|---|---|---|
| 光緒14年戊子科 | 邱逢甲（字仙根，號仲閼，又號蟄庵） | 彰化翁子社 | 臺北府學廩生 | |
| 光緒15年己丑恩科 | 陳元音 | 彰化縣 | 彰化縣學生員 | |
| 光緒17年辛卯科 | 施仁思（字香藻） | 彰化縣鹿港原籍晉江 | 彰化縣學生員 | 光緒18年（1892）壬辰科進士。 |
| 光緒17年辛卯科 | 施之東 | 彰化縣鹿港原籍晉江 | | |
| 光緒19年癸巳恩科 | 施菼（字悅秋，原名藻修） | 彰化縣鹿港原籍晉江 | 彰化縣學廩生 | 以清光緒14年（1888年）施九緞案累遭革職。事平，改名捐監應試，中舉後返臺。 |
| 光緒19年癸巳恩科 | 洪謙光 | 彰化縣 | 彰化縣學生員 | |

　　凡非由臺灣各學出身，以及學籍模糊、科分不明，文獻資料難以判讀者，臚列於此。

表8：彰化縣歷科舉人名錄補遺

| 科份 | 姓名 | 籍貫 | 學籍 | 其他 |
|---|---|---|---|---|
| 光緒元年乙亥恩科 | 丁壽泉 | 彰化縣 | 未詳 | |

# 三、會試、殿試與朝考

## （一）公車會試

　　通過了鄉試考試的舉人，緊接著而來的，就是隔兩年，在京師舉行的「會試」。會試和鄉試相同，都是三年一科，鄉試

是逢子、午、卯、酉年秋季舉行，會試則是在鄉試後的隔年春季舉行，換句話說，就是逢丑、未、辰、戌年為會試之年。

會試考試仍是三場，無論是試題或其他程序，大致都同於鄉試，唯有一項最大的差異，就是參加會試的舉人，都享受公費待遇，或公家供應車船，稱之為「公車」，不像應鄉試的秀才，一切都得自掏腰包。光緒二十四年（1898）康有為號召在京會試的各省舉人聯名，請求清廷變法，便是有名的「公車上書」。

中式會試，並非進士，而是稱為「貢士」，貢士第一名為「會元」，前十名為「元魁」，十一至二十名為「會魁」。清朝時期，整個臺灣，都與會元、元魁絕緣，僅出了兩位會魁，一是淡水廳籍的黃驤雲，一是臺灣縣籍的許南英，即名作家許地山父親。前者是客家籍，後者也是具有客家血統的福佬客，

▲光緒己丑科會試闈墨。

為清代臺灣科舉史上的殊榮。

## （二）金鑾殿上試文章

　　貢士須要經過保和殿的覆試，且列等（分一、二、三等）才有資格參加殿試。覆試的等第，將來作為進士甲等（即二甲或三甲）的依據，非常重要，貢士因親喪或重病不能參加殿試，可予告假，稱之為「告殿」，須俟三年後補行覆試，才可殿試，但照例卻已喪失點三鼎甲的資格了。

　　告殿後的貢士，未參加殿試這段期間，只能稱為貢士，不能稱為進士，以蔡元培為例，他是光緒十六年（1890）恩科的貢士，眞到光緒十八年（1892）才中進士，點翰林。另外，臺灣鹿港籍的黃玉書，在光緒十五年（1889）會試成貢士後，因親喪匆匆返臺，以處理財產問題，據傳遭人毒害，故終其身只是個貢士，有人仍將他列入清代臺灣進士表中，這是不對的。

　　殿試按例都於四月二十二日舉行，也叫廷試，地點仍是保和殿。在乾隆朝以前，殿試都是皇上親臨主持，儀式非常隆重，名副其實，此後皇上既不親臨，漸流於形式，一切從簡。殿試試卷是用七層的夾宣裱成，長四十公分，寬十二公分，卷

▲黃驤雲會魁匾額。

面、卷背不計，共十開，每開兩面，每面六行，每行畫紅線直格。

殿試試卷的寫法，有一定的格式，首先須寫明三代履歷，文寫：「應殿試舉人臣某，年若干歲，係某省某府州某縣人，由附生（或增、廩生）應某年本省鄉試中式，由舉人應某年會試中式，恭應殿試，謹將三代腳色開具於後。」下列曾祖某、祖某、父某，名下註明已、未仕及存、故。接著才開始作對策，起用「臣對臣聞」，收用「臣末學新進，罔識忌諱，不勝戰慄隕越之至，臣謹對。」文中臣字須旁寫，禁止添註塗改，又凡遇一些特定字眼，如「皇上」、「詔」、「制」、「欽」等字，都有一定的抬寫規定。

每份殿試卷都經八位讀卷官閱過，讀卷官依官階大小在

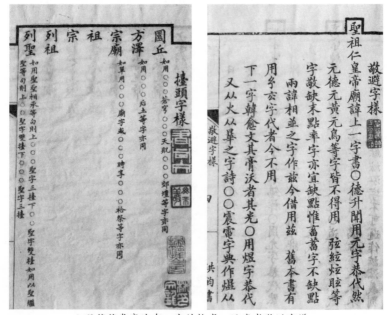

▲殿試試卷寫法有一定的格式，及應考敬避字樣。

之貨或謂之泉或謂之布或謂之刀
能各暴其所自鹹周制以商通貨以
貨通物其九府圜法廄制若何後患

錢輕更鑄大錢始於何年漢時初鑄
莢錢後以錢益多而輕乃更鑄四銖
錢其文異若其年代尚可考歟後又
有三銖五銖是否同時魏晉以後亦
有鑄四銖錢者唐時改五銖鑄每錢

也勃焉賈誼曰過禍而懼禍反成福過福反成禍
此殷憂啟聖之說也臣觀漢廷對策如賈誼董仲舒谷永
杜鄴申屠剛李尋輩類能破除忌諱指斥得失上及宮禁
下及草野內及權要外及四裔見聞所及靡敢懟飾以聞
為茍合此直言竭忠之證也歷觀自古凡轉禍而為福因
敗而為功者恆由此道不可不察也欽惟
皇帝陛下鳳承大業日慎一日近以時事多艱人才孔亟
詔書勤勤懇懇舉治兵會計節儉農事諸大政期與臣等圖之
又復
詔以直言無隱傳曰主憂臣辱主辱臣死此即臣發憤忘死之

▲殿試策。

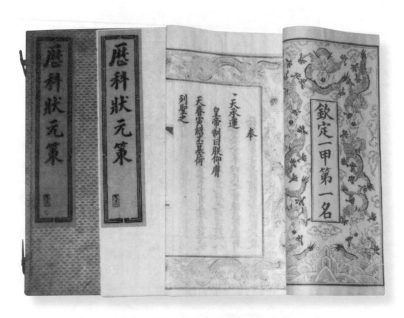

▲歷科狀元策。

▲國朝文進士題名。

卷背註記，最後將擬定的前十名試卷進呈御覽，欽定名次。一甲共三名，第一名就是最受人欣羨的——「狀元」，第二名為「榜眼」，第三名為「探花」，其他七名則列入二甲，前十名名次揭曉隨即引見，稱為「小傳臚」。

因為前十名是欽定的名次，所以讀卷官原擬名次，往往發生戲劇性變化，如乾隆二十六年（1761）狀元原擬趙翼（甌北），但乾隆見其貌不揚，又認為陝西迄未出過狀元，就將原擬探花王杰（陝籍），與趙對調。又如光緒二十一年（1895）乙未科，這年值割讓臺灣，四川籍的駱成驤，卷中有句道：「傳曰：主憂臣辱，主辱臣死，此即臣發憤忘死之日也，何敢拘牽常格，而不為我陛下陳之。」讀卷官雖大加激賞，但卷中「死」字卻有忌諱，只好擬為第九，光緒帝御覽，見此卷後頗有感觸，竟拔置第一。

新進士授職前，又須經過朝考，朝考分三等，一等第一名曰「朝元」，新進士就覆試、殿試、朝考三者核計等第授職，如覆試一等、殿試二甲、朝考一等，總數加起來是四、必授翰

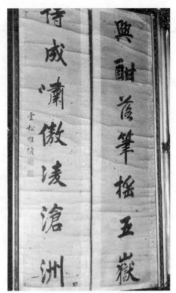

▲翰林曾維楨墨跡。

▲彰化翰林李清琦墨跡。

▲進士蔡廷蘭手書匾額。

▲澎湖蔡廷蘭「進士第」。

▲進士鄭用錫「進士第」。

▲進士鄭用錫像。

▲進士鄭用錫執事牌。

林院庶吉士，總數是五，也可望授庶吉士，俗稱館選。偏遠省份，文風較差的，如無等第四五數，那麼六七也可入選。另外，「朝元」有一項優待，無論等第多少，照例入選。清代臺籍進士中，獲選翰林院庶吉士，彰化縣學籍的僅曾維楨一人而已。

表9：彰化縣歷科進士表

| 科份 | 姓名 | 籍貫 | 學籍 | 其他 |
|---|---|---|---|---|
| 道光6年丙戌科 | 曾維楨 | 彰化縣 | 二甲第68名 | 翰林庶吉士。 |
| 同治7年戊辰科 | 蔡鴻章 | 彰化縣 | 會試第45名貢士（未殿試） | |
| 同治13年甲戌科 | 蔡德芳 | 彰化縣 | 三甲第79名 | 廣東新興知縣。 |
| 同治13年甲戌科 | 施炳修（原名葆修） | 彰化縣 | 三甲第201名 | 授兵部員外郎，調寧都州知州。 |
| 光緒6年庚辰科 | 丁壽泉 | 彰化縣 | 三甲第48名 | 授廣東知縣。 |
| 光緒12年丙戌科 | 蔡壽星 | 彰化縣 | 三甲第64名 | |
| 光緒15年己丑科 | 邱逢甲 | 彰化縣 | 三甲第96名授工部主事 | |
| 光緒16年庚寅恩科 | 黃玉書 | 彰化縣 | 貢士 | 未應殿試而卒。 |
| 光緒20年甲午科 | 施之東 | 彰化縣 | 二甲第83名補殿試 | |
| 光緒20年甲午科 | 李清琦 | 彰化縣 | 二甲第115名 | |

## 四、捷報報喜

開學前不久，許多招生考試紛紛放榜，無論錄取與否，

主辦單位都會寄發成績單，透過郵差先生將它送到每個考生手中，迅速便捷，但在科舉時代，可就要大費周章了。

科舉制度起源於隋代，由來已久。讀書人苦讀十載寒窗無人知，一旦揚眉吐氣，其欣喜之深當然可想而知，同時也會運用各種方法，將金榜題名的喜訊告訴親友，讓他們一同分享。

盛唐開元、天寶年間，就流行一種以金粉寫成「泥金帖」報喜的作法，新科進士及第後，都會用泥金書寫帖子附於家書當中，到了家鄉，親戚朋友就以鼓樂相慶，稱為「喜信」，這便是後世「捷報」的濫觴，宋朝楊萬里（1127～1206）送族中弟子赴省應考，有「淡墨榜頭先快睹，泥金帖子不須封。」期望之殷，流露於字裡行間。

泥金帖報喜信，原是私人之間的不成文慣例，後來慢慢演變成官府向新科進士、舉人報捷的制度，有一定的規矩，「捷報」內容也有一定的格式，甚至有一些書院考試，也都有捷報報喜的例子。所謂「捷報」，就是考試放榜後，學政（相當於昔日的省教育廳）或儒學（相當於現在的縣市教育局）會派人送去一張紅紙「捷報」，張貼在新科人員家中。泥金帖演變為捷報紅紙，始於何時，已難深考。總之，舊日科舉時代，官方以捷報報喜，各地大同小異。

## （一）捷報形式

捷報的形式，除了尺寸大小不一外，其他大致一樣，以紅紙為之，前面第一行例寫「捷報」兩個較大的字體，接下來才寫姓名、科別、名次等，姓名之上的頭銜，則視考試層次高低而定，大抵進士、舉人稱為「大老爺」，貢生、秀才稱為「相公」，最後才是捷報的單位及賀詞。茲舉三例如次：

臺北登瀛書院月課入選捷報

捷報

貴府相公黃 <sup>印</sup> 炳南　蒙

掌教登瀛書院山長黃考列

上取第三名連登

金榜

　　登瀛書院報

宜蘭貢生李紹宗入學捷報

捷報

貴府相公李 <sup>官章</sup> 紹宗　蒙

欽命臺澎兵備道兼提督學政唐

科考

　　取列蘭學一等第一名連登

金榜

　　本學署內報

彰化翰林曾維楨進士捷報

> 捷　　報
>
> 貴府新科大老爺曾 印 維楨奉
>
> 　　大主考蔣
>
> 欽命　丙戌科會試中式
>
> 進士第拾壹名金榜
>
> 　　聯元　　　飛報

右頁所舉的二例，層次不同，文字上也有若干差異。此外，書寫方式也不盡相同，有全部木刻印刷、有大部分木刻印刷，但僅姓名和科別部分採以填寫、有全部以泥金書寫、也有全部以墨筆書寫，形形色色，沒有絕對的格式，而且紙張大小，也極為懸殊。

官方派人送捷報，儀式極為隆重，通常都派了所謂「報子」，帶了鼓樂，吹吹打打，熱鬧地送達目的地，主人家依照慣例，都會送個大紅包酬謝這些報喜差役，可惜這種報喜情狀，目前可能已找不到目擊者了，甚至也難得有人將他記錄下來。

記得以前讀過豐子愷一篇文章〈中舉人〉，其中有一段描述他父親豐鐄考上舉人後的報喜情形，可能與臺灣舊日報喜方式並不完全相同，但仍頗有參考價值，且節錄部分如下：

> 有一天，中秋過後，正是發榜的時候，染店裡的管帳先生……心血來潮，說要到南高橋去等「報事船」……在南高橋站了一會兒，看見一隻快船駛來，鑼鼓嘡嘡不

▲曾維楨會試捷報。

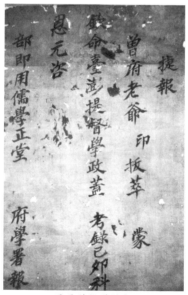

▲恩貢曾拔萃捷報。

絕。……不久,報事船已經轉進後河,鑼鼓敲到我家裡來了。「豐鎬接誥封!」我家房是向東的,於是在廳上向北設張桌子,點起香燭,等候新老爺來拜此闕。……父親戴了紅纓帽,穿了外套走出來,向北三跪九叩,後將開誥封。祖母頭上拔了一支金挖耳來,將誥封挑開,這金挖耳就歸報事人獲得。報事人取出金花來插在父親頭上,又插在母親和祖母上。……表演這一套的時候,我家裡擠滿了人……。兩個報事人留著,住在店樓上寫「報單」報單用紅紙,寫宋體字:「喜報貴府老爺豐鎬高中庚子辛丑恩正併科第八十七名舉人」,自己家裡掛四張,親戚每家送兩張。

文中所記報捷情形,作者說是「表演」,可見必有許多繁文褥節,為文字所無法表達的,讀者可從中體會。

咸豐五年(1855)乙卯科彰化舉人林鳳池,民間流傳其報喜傳說,相傳他生活極為貧困,當捷報傳來,報子以鼓樂報喜希望得到獎賞,不料其母劉氏正替人拔草,慌忙從田裡趕回,身上一無所有,不知所措,報子只得悵然而返,這不僅是臺灣科舉史上罕見的小插曲,也是捷報報喜珍貴掌故。

### (二)科舉遺風——近(現)代捷報

光緒三十年(1900)的甲辰恩科,為千餘年科舉制度劃上了休止符,不過,「捷報」並未因而成為絕響,從一些傳世的文物中,仍可略窺端倪,曾見過一張黃紙木刻的安徽省捷報,上面寫著:「貴府先生吳,官印承毅,肄業安徽省立第三中學校期滿,蒙監試委員安徽省視學姚、七等嘉禾章本校校長徐會同考試取列甲第二名,詳請安徽省省長呂、教育廳長董咨呈教

育部核准備案，發給畢業證書，具詳奉大總統照章應試文官。聯陞及第。」細閱其內容，原來不過是安徽省立第三中學發給畢業證書之前的成績及格通知而已，何其隆重，與現在的高中畢業生不可同日而語了。

即使是日本時代的臺灣，捷報仍一直被沿用下來，最著名的事例，就是彰化崇文社，崇文社為彰化城內的一個詩文社，經常向全臺各地文士徵求詩文，經評定名次後發給獎品，在郵寄獎品之前，該社都會先寄上一張紅紙木刻印刷（僅姓名、名次等填寫）捷報，類似錄取名次通知，內容大抵是寫第幾期課

▲科舉捷報遺風猶存──鹿港泉郊會館。

題、某某文宗評選第幾名而已，這種仿古捷報，收受者可能都隨手丟棄，現在已經難得一見。

據說四〇年代的高普考，仍有郵寄油印捷報的傳統，惟沒有過目，不敢肯定。另曾在鹿港泉郊會館見過送新爐主的捷報，以慶賀其膺選，饒有科舉遺風，其他地方沒見過。無可諱言的，這項報喜傳統，已逐漸消失，取而代之的，只是選舉或公職考試當選、錄取，有親朋好友張貼祝賀紅紙而已，但已無捷報這個名目。科舉時代的捷報制度，僅能從文獻記載中去回味了。

## 五、豎旗與掛匾

從前科舉時代，儒生治舉子業，由於沒有年齡限制，加上錄取名錄又少得可憐，不第考生，可一再應考，累積下來，每科考生人數都有增無減，要想在地方求取最起碼的功名——進學（考取秀才）已屬不易，當然層次更高的鄉、會試，更是難上加難。

求取功名的途徑，既難如上青天，讀書人有朝一日幸獲及第，莫不認為是祖上有德、祖宗庇佑，甚至是光宗耀祖的無上光榮。為了光宗耀祖、顯赫門楣，最具體的行為，要算是表現在豎旗與掛匾了。在宗祠或住宅前豎旗、掛匾，不僅有酬謝祖宗之意，最重要的還是在於炫耀鄉里呢！

讀書人經過十載寒窗煎熬，才能「一舉成名天下知」，受到肯定與讚譽，從報子敲鑼打鼓到家報捷開始，一切榮寵似乎都交集於新科的幸運兒，無怪乎《儒林外史》中的范進，在獲悉中舉的那一剎那，會高興得發狂。

一般而言，考上秀才只算是府、縣儒學生員，還不能豎

▲簡化成舉人旗杆座。

▲陳培松舉人旗杆座。

◀林鳳池舉人旗杆座。

彰化學

旗、掛匾，等到秀才經補廩再考上恩、歲貢，才算具備了立半
副旗、掛匾的資格。不過貢生階段大數只有掛匾，沒有旗杆
臺，以清代大彰化縣而言，所見僅社頭月眉池的嘉慶十五年
（1810）貢生劉元炳以及嘉慶十七年（1812）東山莊恩貢生曹
文炳有之，其故宅前至今仍留有當年所建旗杆臺。其中原因，
或許是經濟能力的緣故，俗話說：「窮秀才，富舉人。」貢生
仍屬秀才階段，經濟能力大多不好，難得有建立旗杆臺升上旗
子的。

　　旗、匾為科舉人物榮耀象徵，民間對此非常重視，因此
官方每年都編列預算，每縣恩歲貢生的「旗匾竿應給銀」是一
兩二錢五分，進士舉人則是三兩三錢三分二釐。官方編列的這
些預算，是以縣為單位，僅象徵性的補助，各人領到補助費之
後，便依官方規定的內容自行製作，有錢人家，無論是旗杆臺
或匾額，既精美又氣派，普通人家就顯得寒酸多了。以匾額為

▲旗杆木刻圖案。

例，讀者不妨將舉人林文欽、林鳳池、簡化成三人加以比較，就可發現其中玄機。

先就立旗來講，清代的旗杆臺，與現今旗杆臺的外表相差無幾，不同的只是材質、旗杆而已。舊式旗杆臺全為石造，臺四周刻以吉祥圖案，臺上嵌有兩片夾石，石上下各有一個圓孔，用以放入木棍固定住旗杆。旗杆主要是木製的（也有少數是石雕的），頂端又一個方形旗斗，這是科名的象徵。旗子的懸掛方式，與目前不同，目前我們仍可從清人圖畫中一窺樣貌，如清乾隆年間蔣元樞的《重修臺郡各建築圖說》所載，各衙署前都繪有懸掛旗子的旗杆臺，也就是古裝電影中常見的形式。

古今旗杆臺的另一項差異，就是舊式旗杆臺都是兩個為一組（貢生只有一個），建於建築物前埕外兩側。大小、石質、圖案，都不一樣。某些夾石側面還會刻有文字，或刻福建某官為某年某科舉人某某立，或僅刻某年某科舉人立。

由於旗杆臺的數量非常稀少，距離現今年代久遠，故相關傳說也不容易聽到。記得到宜蘭胡舉人故宅訪問時，胡氏後裔中一位六、七十歲的舉人孫媳回憶說，她剛嫁入胡家時，

▲旗杆模型。

▲陳維英舉人石雕旗杆。

每天都會看到婆婆以紅絲搓成的繩子挑水桶向旗杆臺澆水，用意至今仍不明白，但至少民間確曾存在這種民俗。另筆者亦曾聽聞林鳳池旗杆臺的傳說，據說林氏的旗杆臺在戴萬生之變期間，曾被藤湖莊某人騎馬砍倒旗杆，後來林氏死於非命，鄉人都認為與此不無關係。

再以掛匾來講，依清代科舉制度，貢生以上都有資格掛匾，因而科舉匾額名目繁多也非常普遍，較常見的有「翰林」、「進士」、「會魁」、「文魁」、「拔元」、「貢元」、「明經進士」、「選元」……，匾額中間是大字，上款是官員職銜姓氏，下款是受獎人科份、姓名、名次等，通常進士、舉人是以福建巡撫名義立的，貢生則是以臺灣道兼提督學政名義立的，因而官銜姓名之下必定會加上一個「為」字，表示是某官為某人所立。

　　科舉匾額的懸掛場所，以當事人的住宅及宗祠為主，但並非每人只能有一面，而是視實際需要，製作相同匾額數面，分別懸掛不同地方，當然同姓或同宗關係，為必要條件，這些同宗住宅或祠堂，也都會酬以大紅包，以示同沾喜氣。以清同治十三年（1874）甲戌科進士林文炳為例，林是福州福清縣人，與臺灣似乎沒有淵源，但南投縣竹山鎮林氏崇本堂、宜蘭林氏追遠堂、臺中市神岡區林宅摘星山莊，都掛有他的「進士」匾額，文字完全相同，其他人物也有類似的情形，可見分贈同宗匾額並不只侷限於本鄉本地，甚至是像遠在閩、粵的同宗「牽親引戚」，冀能一沾光彩，科舉之吸引力由此可見一斑。

　　旗杆臺的建立，往往被視為無上光榮，這些住宅就被稱為「旗杆厝」，久而久之，就演變成地名，臺灣有幾個實例。科舉制度廢止後，民間已不再興建旗杆臺，取而代之的，是學校機關常見的水泥升旗臺，精雕細琢的藝術氣息不復存在，因此舊式旗杆臺乃成了值得善加維護的鄉土文化資產。此外，科舉匾額的懸掛，與旗杆臺興建相同，都已不再出現，祠堂、公廳上充斥著形形色色的謝匾，光宗耀祖之心，固然古今一致，但大都失之浮濫，反而令人覺得今不如古了。

## 六、科舉下的制藝與試帖

　　濫觴於宋朝的八股取士制度，行之千年，為此衍生出來的荒謬文體，如八股文、試帖詩等等，讓當年身歷其境的儒生們，宛若處於人間煉獄。一直到清光緒年間，才正式以經義策論淘汰腐化的八股文。

▲例貢生匾額1：餘三館。

▲例貢生匾額2：社頭劉氏宗祠。

▲例貢生匾額3：社頭蕭宅。

▲貢生匾額永靖邱萃英。

▲貢生匾額彰化吳宅。

▲林鳳池舉人「文魁」匾額。

▲黃驤雲「會魁」匾額。

▲進士匾額。

## （一）八股文

八股文乃明清兩代考試所用的一種文體，行之五百餘年，隨著科舉制度的凋落，八股文也逐步走入歷史。雖然已成過往，但此行之多年的僵硬文體依然引發許多人的好奇心想一窺究竟。

科舉考試第一場的題目，必在《論語》、《孟子》、《大學》、《中庸》四書內出題，按題目以作八股的文章，所以八股文稱爲制義，或曰制藝、時藝、時文、八比文，亦有稱之爲四書文、四書經義者。其起源實由於宋王安石之以經義取士的經義變化而來，經義雖爲論體，而亦間用對偶行文，故八股之法，可以說始於宋，定於明初的洪武時，而盛於成化（憲宗）以後及清代者，顧炎武《日知錄》云：「經義之文，流俗謂之八股，股者對偶之名也。」

言其體裁，是起二股、中二股、後二大股、末二小股，連接而八，合成一篇，合爲八股文。唐翼修將八股以頂面心背足影六位解之，起二股如人之頂與面，意在題前著筆，每股約四五句至七八句。中二股如人之心與背，進一步搜剔題中反正之理，有略長於提股者，亦有短於提股者。後二股如人之足與影，可向題旨暢發無遺，每股多爲十餘二十句。末二小股，則每股二三句或三四句，所以揭醒全篇而加以結束之意。此是爲八股之正格，至以沒有變格，或中二股長與後後二股，或廢去末小二股而改寫爲六股者，式樣尚多，無須細舉。

八股既爲對偶的名稱，所以，出股與對股，凡句字之長短簡繁，與夫聲調之高下緩急，俱要一樣相對成文，惟是八股以外，亦有散文參雜於其間，方可成篇，則又不可以不知者。

八股之先，須有破題二句，承題三四句，起講十句上下，起講後有領題三幾句，以爲開端，皆屬散文，其下方是八股。

子張曰子夏　　子夏曰　　　孫德榕

論閒交之所云於師者不妨　即其師之所云而計焉夫子張與子
夏俱論交者也而必先詰以子夏之所云　門人有不舉而計者乎
嘗思交道之難也而交之云乎　豈曰交之云乎吾　知先言交者必有
成見於中而與之言交者未　論其所以為交方欲得所為交之言
以相証也則交之出於一人也　問者有心也即交之述諸其人也應
者如響也子夏之門人何以　問交於子張也在子夏豈不曰交之
不同也爾爾後生小子當知　而門人則尚欲參觀而得也吾未審
子張之言之猶子夏否而子　張則已振振有詞美且子張豈不知

可以人而不　　丈王　　　林志□

人當如烏之知止而詩之詠周王可思矣夫人也聽諸鳥尚不如
安望其如丈王乎　其不可不如而丈王穆穆之意見耳且自暇
烏鳴於岐山而文考固以無知之怵應乎有知也
知其所止鳥固有然矣夫　人也夫人與物相色知覬本分靈蠢假合靈者反覬何以古之人
光四方而顧西土獨能以淵然其測之意流傳於篇什間耶於止
能如人之有知乎然而人或無知且烏之不如矣夫人可明不可

▲八股文搭截題。

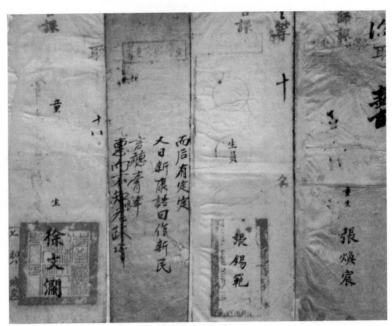

▲各種清代課卷。

而起二股完有出題，中二股完有過接，後二股完有落下，其出題、過接、落下亦是散文數句，在點醒文義，使之貫串相生，不致板滯遲鈍的緣故。尤有一特殊規律，則是要入口氣，除破承題不入口氣外（記事題與連章題以皆無口氣可入故亦除外），其餘於起講用且夫、是嘗思、意謂等字領起之以入口氣。所謂入口氣者，則四書內爲何人的話，即要用何人的口氣行文，如孔子、及孔子弟子曾子、子思、孟子等的話，尚可以說代聖賢立言。倘是陽虎、孺子、齊人妻妾、權臣、偉臣、隱士之流，亦要摹仿他們的口吻以爲文，類於戲場的優孟衣冠，不可不謂之滑稽。所以焦循云：「八股文入口氣代人論說，實源於金、元的曲劇。」劇一開頭有引子，等於八股文的破題、

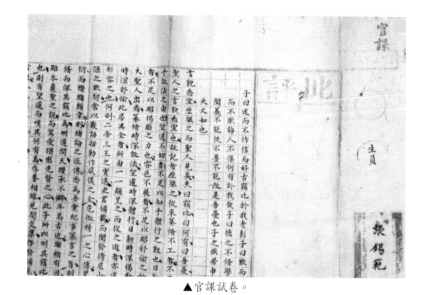

▲官課試卷。

承題、起講。曲劇的套數，等於八股文起講後的起股、中股、後股。曲劇套數中有賓白，等於八股中夾入領題、出題、落下等。其說比擬得十分恰當。

八股文之構造方法，布局成篇，如上所述，已可得其大意。就此推知，八股文作來作去，皆是陳羹土飯，無用糟粕，而幾百年來，期求科名，出身發達，非走此路不可，致使讀書人一生埋沒其中，可恨亦復可憐。惟是有識的人士，詬罵而痛心疾首的亦往往而有，當明亡國的時候，有朝官大呼說「斷送江山八股文」的話，又有以大紙一張，寫曰「謹具大明江山一座，崇禎夫婦兩口奉申、晚生八股頓首拜」，貼在朝廷大殿的上邊，其時太息痛恨於八股文者如此，清猶行之以至亡而止，可為浩歎。

清初恨八股文陋劣油滑相尚，毫不改變，等於瞎眼的人一

樣，隨口亂說，皆是盲從。有畫作八股圖者，畫瞎子八人，有題詩的，有寫字的、有對於古董賞玩的，有評論碑帖名畫的，有彈琴與下棋的，熱鬧非常，實則皆是瞎子，一點都看不見，毫無所得，譬作八股的人，同於八個瞎子，無知妄作，可謂痛切。清乾隆時吳江徐靈胎年八十，猶談論風生，有戒酒戒賭勸世道情彈詞，其譏笑時文道情云：

> 讀書人，最不齊。爛時文，爛如泥。國家本為求才計，誰知道變作了欺人技。三句承題，兩句破題，便道是聖賢高弟。可知道三通四史，是何等文章；漢祖唐宗，是那一朝皇帝。案頭放高頭講草，店裡買新科利器。讀得來肩臂高低，口角噓唏；甘蔗渣嚼了又嚼，有何滋味。辜負光陰，白白昏迷一世。就教他騙得高官，也是百姓朝廷的晦氣。

此詞淋漓痛快，說盡了八股文的空疏。八股文中有所謂墨派的，庸惡陋劣，無出其右，有即以「墨卷」二字作題目，模仿其調作兩股以戲笑之者，其文如下：

出股：
天地乃宇宙之乾坤，吾心實中懷之在抱，久俟夫千百年來非一日矣，溯往事以追維，曷勿考記載而誦詩書之典要。

對股：
元后即帝王之天子，蒼生乃百姓之黎元，庶矣哉億兆民中非一人矣，思入時而用世，曷弗膽敝座而登廊廟

之朝廷。

　　疊床架屋，文理不通，蓋出股之天地即宇宙，宇宙即乾坤，對股之元后即帝王、帝王即天子，以下句句皆是重複，讀之眞令人發笑，然僅以句調看來，實在是十分圓熟的，八股文之庸劣者，確有此病。

## （二）試帖詩

　　試帖詩爲科舉考試的詩，與八股文相並而行，關於稱爲「試帖」二字的由來，可以溯源於唐代。按唐明經科考試，主試官裁紙爲帖，掩其上下兩邊的經文，中間僅露出經文一行，試士子能總括其上下經文而通答與

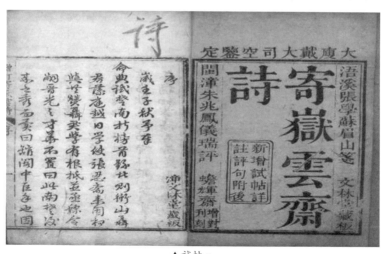

▲試帖。

否？是為一種默書性質的測驗，名曰試帖。而科舉考式時的作法，必要緊帖題目，不可節外生枝，有類於帖括的帖經，故沿用其名而曰試帖詩者以此。唐代以詩賦取士，除作賦外，尚有五言六韻的律詩（間亦有用四韻、八韻者）謂為試律，則試帖詩亦即可以說彷彿同於唐代考試的詩律。自宋熙寧後以至於明，科舉不試詩賦，清初尚然，至清乾隆二十二年（1757）丁丑科會試，於八股文外，增五言八韻律詩一首（童試為五言六韻），以後生員的歲科試考、鄉試及進士朝考等，亦皆加有此詩，不曰試律，而曰試帖詩，始於乾隆，遂為一般考試詩普通的稱謂，茲就其題目、詩體略說明之。

試帖詩的題目，不可以己意立題，必須要有出處，或用經、史、子、集內的話，或用前人的詩句，例如「五月鳴蜩」之取諸《詩經》，「安得壯士兮守四方」之取諸《史記》，「詩卷長留天地間」之取諸杜甫詩，餘凡詠古、詠物、言情、言景、天文、地理、草木、蟲魚等之有出處者，皆可為題，故題之種類，亦甚廣泛。

例如乾隆四十九年（1784）甲辰南巡召試詩題為「南坍北漲」則指當時海塘的塘工而言，雖無出處，而尚切合時事；其又有於殿廷試士以「燈右觀書」為題者，則因乾隆在前夜觀書時，太監適將燈置於其右而礙目光，遂出此題，翌日問閱卷官彭元瑞知此題出處否？彭在當日是推為淵博者，答以不知，乾隆笑曰：「此回難倒彭元瑞了！」則等於遊戲，封建帝王可以隨意，倘考官如此，則是觸犯場規而要受罰的。題上用「賦得」二字，題下右旁用半行小字寫「得某字五言八韻」（或六韻）字樣，所謂得字者，即是限韻，亦曰官韻，只限一字（唐試律官韻有限二字，或間有用仄韻者），其字多在本內選取，間亦有取諸題外者，但得字必用平聲，是為定例。題目與詩均

低二格平寫，留上二格為頌聖抬頭之用。

　　試帖詩體，與古近體詩異。古近體雖有題，而可以推開發議，感慨悲歌。試帖詩則拘牽聲韻，限制束縛，語要莊重風雅，不可氾濫離題，其艷語談情，詞字輕佻，里巷憂愁，諷刺時政，皆所禁忌。詩內不語重字，不許出韻，就五言八韻說，單句不用韻，雙句必用韻，普通律詩起句有用韻者，惟試帖詩倘起句用韻，則便成九韻而非八韻了。作法則首次聯謂之點題，亦曰出題，官韻必在此押出，不可失押，或直賦題事，或借端引起，全題字眼，於此全見，三聯以後不宜再見題字，首聯可以不對，中間數聯皆須對仗工穩，末聯往往就題意作頌揚語，切於國家字樣者用單抬，如盛世、承平之類，切於帝王本身者用雙抬，如宸顏、帝念之類。毛西河謂其結構布局略同八股，首聯即是破題，次聯即是承題，三聯領起如起二股，四、五聯實作正面如中二股，六、七聯發揮題意。開合掩映如後二股，結聯勒住本題，或放開一步如束二股，由淺入深，由虛及實，全章之法，與八股神貌確屬相似。近日詩家，怕要自寫心情，言中有物，則試帖詩之嚴於限制，毫無真意，自然與科舉考試的八股文，同為廢棄的糟粕矣。[76]

## 七、書院藏書與科舉參考書

### （一）官方頒給書籍

　　清代儒學為教育行政機關，辦理入學、考試、表彰以及祭祀等事宜，書院則為儒生攻讀深造之場所。因此書院必定會有

---

76　商衍鎏，字藻亭，漢軍正白旗人，清光緒三十年（1904）甲辰科探花。商氏為科第中人，自幼浸淫此道，深得箇中門徑。本章之「八股文」與「試帖詩」二篇即商氏分發表於二十世紀初期之文墨。

豐富藏書，提供學子之需，尤以官立書院，資源優渥，其藏書之豐，當遠勝地方型書院。

道光《彰化縣志》學校志有〈書籍〉一目，臚列全部書目，包括：

《欽定學政全書》一部（二十四本）

《欽定國子監則例》一部（六本）

《御論》一部（二本）

《聖諭廣訓》一部（一本）

《欽定周易折中》一部（十六本）

《欽定書經傳說》一部（十八本）

《欽定詩經傳說》一部（二十四本）

《欽定古文淵鑑》一部（四十八本）

《欽定朱子全書》一部（四十本）

《欽定子史精華》一部（五十本）

《欽定四書文》一部（十六本）

《易經註疏》一部（四本）

《書經註疏》一部（八本）

《詩經註疏》一部（二十一本）

《孝經註疏》一部（一本）

《論語註疏》一部（四本）

《春秋註疏》一部（二十四本）

《儀禮註疏》一部（十二本）

《周禮註疏》一部（十五本）

《禮記註疏》一部（二十二本）

《孟子註疏》一部（七本）

《爾雅註疏》一部（五本）

《公羊註疏》一部（十二本）

《穀梁註疏》一部（五本）

《通鑑綱目前編》一部（八本）

《綱目正編》一部（七十七本）

《綱目續編》一部（二十本）

《史記》一部（四十本）

《昭明文選集成》一部（三十本）

《漢魏叢書》一部（一百二十本）

《唐宋八家古文》一部（十五本）

《王步青前八集》一部（十六本）

《王步青後八集》一部（十六本）

《小學集註》一部（二本，前學道憲葉頒發）

《道統錄》一部（三本）

《思辨錄輯要》一部（四本）

《二程文集》一部（四本）

《居業錄》一部（四本）

《李延平集》一部（二本）

《許魯齋文集》一部（二本）

《胡敬齋文集》一部（二本）

《學規類編》一部（六本）

《羅整庵存稿》一部（一本）

《讀禮志疑》一部（二本）

　　以上共書籍四十四部，自《欽定周易折中》至《王步青後八集》共二十九部，係前彰化知縣楊桂森頒發；《小學集註》，前臺灣道兼提督學政葉頒發；自《道統錄》至《讀禮志

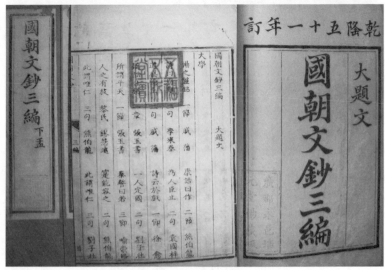

▲科舉參考書：《國朝文鈔三編》。

疑》，係禮部之全國性頒發[77]，另外，自《欽定學政全書》至《聖諭廣訓》，推測也是禮部頒發。

禮部以及學政、知縣等官員所頒叢書，名義上雖歸屬彰化儒學藏書，其實白沙書院與儒學僅有一牆之隔，這些藏書正好提供該院生童窮經攻苦之需。

## （二）科舉參考書舉隅

每年暑假一到，驪歌唱罷之後，緊接著便是各種升學考試登場了。尤其是過去素有「擠窄門」之稱的大學學測，由於僧多粥少，競爭激烈，更格外惹人注目。養兵千日，用在一朝，考場如戰場，莘莘學子無不心無旁鶩，全力以赴。當然指點考生訣竅的各種參考書，也就應運而生了，譬如以彙集歷屆試題成書的所謂「考古題」，即是考生臨陣磨槍的主要課題之一。

不僅升學考試如此，時下只要是政府舉辦的公職人員考試，上自高普特考，下至雇員、差工甄試，幾乎都出現大爆滿的場面，較諸每年一度的大學考試，實有過之而無不及，市面上出售的這類參考書，更是五花八門，令人眼花撩亂。此一畸形讀書風氣的起源，應可追溯到從前的科舉考試，所謂「古已有之，於今為烈」罷了。

明清兩代，均以科舉取士；而考試的範圍，主要是內容空洞貧乏的八股文（又稱時文或制義）、五言八韻試帖詩為主，另外也會加考賦、策問等，直到光緒壬寅科，才廢除八股文、試帖詩，改試經義策論。由於所考的都不出四書五經，解經標準只宗宋儒傳注，須「代聖賢立言」，不容作者發表己見。範圍既狹，數百年間一考再考，試題有如換湯不換藥，文章更是

<hr />

77　周璽，〈書籍〉，《彰化縣志・卷四　學校志》，頁142-143。

陳腔濫調、千篇一律了。於是乎就有書商將試題分門別類刊刻問世，只要手持一編，即使不熟讀四書五經，也可以擁有通覽全經的工夫，遇到相關的考題，就能應付自如了，捨本逐末，莫此為甚，誠如顧炎武所說：「今日以書坊所刻之制義，謂之時文。舍聖人之經典、先儒之註疏，與前代之史不讀，而讀其所謂時文。時文之出，每科一變，五尺童子能誦數十篇，小變其文，即可取功名，而鈍者至白首而不得。」真是一針見血之論。

前人的文章裡，每稱編選科舉參考書為「馬二先生事業」，乍見之下，或許茫然無從索解，但讀書只要翻翻《儒林外史》，就不難恍然大悟了。原來這位馬二先生，正是書中編選參考書的專家馬純上。依《儒林外史》的描述，馬二先生是個巡迴各地，替書商選考卷的，其主要的根據地是杭州。十四回中曾提及杭州西湖附近的書店，常在店門口貼上「報單」，上寫：「處州馬純上先生精選三科程墨在此發賣。」這點與今日各學校附近書店常見的「某某名師編某科總複習本店有售」之類，頗為相似。道光年間，金陵經國堂梓行的《舉業新模》一書，係選「新選乙未、丙申科鄉會墨」而成，與馬二先生所選的的都是這一類書。

書店編選「程墨」（試卷），在商言商，都是抱著大撈一筆的投機心理，蓋「墨卷只行得一時，那裡比得古書？」（語見《儒林外史》十四回）。參考書是有時間性的，考期一過就乏人問津了。原因是當時每位主考官取捨文章的口味不同，編書者先設法打聽今年由誰主考，然後搜集同一格調的文章，甚至是主考官本人所作，加以批點，讓考生「揣摩風氣」，每科主考易人，這些書時效既失也就形同廢物了。因此《儒林外史》十八回提到的文瀚樓主人請匡超人批一些考卷，要批得好

還要批得快，趕著出版讓山東、河南的旅客帶回去賣。總共三百多篇文章，匡超人花了六天就批完，稿費是二兩銀子外送五十本樣書，書本發校樣時老闆請一次客，出書時又請一回，如此而已，對於一些生活菲薄的小牌編書者來說，已經算是造化。

　　選刻參考書，因利之所趨，難免會發生互相攻擊的情形：譬如《儒林外史》十八回中，衛體善先生就不客氣指摘馬靜先生所批的文章，說是：「好墨卷也被他批壞了！所以我看見他的選本，要子弟把他的批語塗掉了再讀。」類似情形，一方面固然是編書者的素質問題，更何嘗不是同業之間的競爭手段？

## 1. 以編書者分類

　　清代坊間出售的科舉參考書，種類極多，並不僅限於上述每科的「選程墨」，銷售的對象，也因生童的程度而有所不同，如劉兆璸氏《清代科舉》一書所云：「坊間選考場舊作八股文出售，有《大題三萬選》，適用於鄉、會試。」即是一例。

　　歷來科舉參考書各地皆極盛行，所流傳者千千萬萬，浩如瀚海，吾人今日所能見到的，恐怕有如太倉之一粟罷了，茲先就參考書的編選者來分，而以筆者管窺所及或所藏版本為例，略述如次：

### （1）官方選刻

　　選刻好文章，可以作為後學的津梁，清代各級政府都極重視，上自朝廷，下至各省學臺、道臺，無不熱衷於此。同時，官方的選刻，因不具牟利性質，動機純正，所選的文章也就較具代表性。當然在刻字、印刷方面，相對的就更加考究了。明、清兩代八股文名家輩出，清乾隆初，桐城方苞曾奉敕編成

明文四集、清文一集，每篇皆抉其精要，評語於後，這是朝廷選刻之例。

每科鄉試後，主考官照例要選擇若干篇好文章，發交貢院刻字處，刻成「某省闈墨」流傳，此舉除了有示範的作用外，可能還包含有表示大公無私的意思。

至於其他官吏也有將校士或書院院課的文章選刻的，以臺灣而言，雍正六年（1728）三月，巡臺御史夏之芳「因歲試告竣，擇其文尤雅馴者付之梓，而因以發之，益使臺之人知錄其文者之非徒以示人也。」編為《海天玉尺編初集》。翌年（1729），夏氏留任，乃得於三月舉行科試，於是「多取醇正昌博者，為臺人更進一格。亦俾知盛朝文教之隆、設科取士之法，以光明正大為宗，而不得囿於方隅聞見間也。乃更合歲、科試文得八十首付之，梓以為多士式。」是為《海天玉尺編二集》。乾隆年間，巡臺御史張湄又集校士之文為《珊枝集》。清嘉慶年間，巡臺御史楊開鼎編有《梯瀛集》。道光年間，臺灣兵備道兼提督學政徐宗幹曾「考錄制義雅馴者」，編為《東瀛試牘》，又集「說經、論史及古近雜體詩文」為《瀛州校士錄》。光緒年間，臺灣兵備道兼提督學政唐景崧則集海東書院院課文字為《臺灣海東書院課選》。以上均為清代臺灣官方選刻文章之例，目前這些書已經難得一見。

## （2）書商選刻

書商選刻文章，純是為了牟利，與目前坊間常見的參考書性質相同，品質低劣，正是這些書的通病。最近報載消費者基金會曾抽查國小的各種參考書，發現內容荒謬者有之，印刷不良者有之，字體過小者有之，情況極為嚴重，古今如出一轍，真堪令人浩嘆。清代以選刻參考書為業的書商，各地皆有，如

金陵的經國堂，便是其中翹楚之一。臺灣士子所用的參考書，大都從泉州而來，較少書商自刻發售。不過卻有泉州兵丁以業餘玩票性質而刻印參考書的，可能只是賺取工資作為外快而已，不知是否曾公開發售。清道、咸年間徐宗幹刊印的《東瀛試牘》、《海東校士錄》兩書，便是泉州兵丁所刻，據其所著《斯未信齋文編》官牘二有云：「泉郡兵丁多以刻字為業者，資其生計，究竟為違禁之事，以餬口者少去數人耳。」（〈與玉坡制軍書〉）

### （3）私人選刻

私人選刻文章，並不多見，筆者僅知一例，就是士子考取舉人或進士時，往往將場中所作文章暨主考評語刻印為鄉、會試硃卷（也稱墨卷）。刻硃卷固然含有揚名聲揚父母之意，但一般士子往往卻以此作為習作的範本，故仍可歸為科舉參考書之類。

### （4）私人手抄

科舉時代，坊間的參考書雖然汗牛充棟，但貧苦之士買不起書的，仍大有人在，當時沒有影印設備，只有靠手抄流傳了。手抄文章的來源，有的是據坊間出售的選本，也有抄者自行蒐輯的。筆者手頭有多冊這種手抄本，一本名為《百發百中》，是清光緒年間臺北秀才林知義（問漁）的親筆；文獻稱林氏「工小楷」，證以此本一筆不苟，真是名不虛傳。另有一冊名為《文成法立》，是「光緒四年歲次戊寅月十日在養拙齋抄訂」的，惜抄者姓名無考。其中的文章，有幾篇已選刻於《閩嶠小題文約》，可見這是抄者自己由各書而選抄的。

（上方為兩頁豎排古籍書影）

▲科舉參考書之一，曾作霖手抄本。

## 2. 以內容分類

其次，再換另一個角度來看，參考書又可以學科的不同而分為若干類型，其中的圈點、評語、註解、要訣、作法等也因書而異。此外，就作者而言，又有獨撰與選本之分。總之，清代林林總總的參考書，類型已難分得一清二楚，筆者只能概略分述如次：

### （1）經典詳解

所謂「經典詳解」是筆者權用的名詞，必須特別強調的是，這類參考書雖然註解不厭其詳，但絕不能與先儒先賢的解經相提並論，這是因為前者乃專為科舉考試而編纂之故。筆者

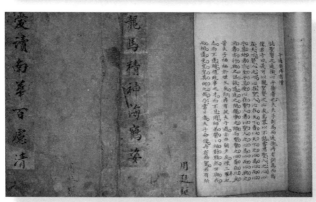

▲科舉參考書各種抄本。

所藏的《新訂四書靈捷解補註附考備旨》（清光緒十二年，泉郡法守堂版，粵東鄧退菴著）、《增訂四書譯註撮言大全》（清木刻版，無作者姓名），均屬此類，通常這類參考書的版本型態有二，一是作為學塾讀本的大型本，一是小巧玲瓏的掌心本。掌心本除可供考生應考時舟車閱讀方便外，最大的好處就是易於挾帶入場。

　　《新訂四書靈捷解補註附考備旨》一書，簡稱《四書補註備旨》，屬大型本，分訂八冊。這是清代閩南暨臺灣民間最為盛行的參考書之一，原本刊於清乾隆年間，歷久而不衰。書中上下分四欄，註解之詳無與倫比，甚至第二欄的「破題」即是針對初學八股文者而編，每句四書原文都由作者作一示範的句子，真是用心良苦。

▲科舉參考書：《四書補註備旨》。

　　《增訂四書譯註撮言大全》一書，分訂十二冊，屬於掌心本，每句有註、有講、有解，每章之後又有全旨。版框寬約七公分半，長約八公分，就刻印有六百二十四字之多，密密麻麻，閱讀極感吃力。不僅刻印不精，甚至連作者姓名也沒有，可能是書商胡亂拼湊而成，這種情形，在目前臺灣的出版界，仍是司空見慣之事。

（2）時文選

　　時文選，即是將歷科有八股文加以圈點、評註，選為一集，官、私出版或手抄者均有。筆者所藏的《閩嶠小題文約》、《增訂小題祕訣》均為書商出版，《百發百中》、《文成法立》，則為私人手抄。

　　《閩嶠小題文約》，因卷首缺四頁，故出版者及年月均

▲科舉參考書：《小題祕訣》。

不得而知，所收全爲閩臺士子之文，作者之中比較著名的，包括道光十六年（1836）狀元林鴻年、嘉慶進士林春溥、臺灣籍進士蔡徵藩、道光舉人林昌彝等。書中有圈點、眉批、評語等項，俱四書文題。

《增訂小題祕訣》，清咸豐元年（1851）孟春，金陵經國堂刊，分訂四冊，桐城吳蹁龍評選，亦四書文題，作者多係知名之士，如清乾隆十七年（1752）狀元秦大士，清初以文字獄被誅的桐城進士戴名世等。書中除圈點、眉批、評語之外，每篇另有註釋，註明典故出處。

《百發百中》、《文成法立》，俱手抄本，各訂一冊，四書文題，僅圈點、評語、眉批，而無註釋。

## （3）試帖詩選

試帖詩的編選，數量較時文少，而編選的方針，諸家不一，或編年，或按科名先後，或分韻、或分類；拙藏《試帖仙樣集裁詩十法》，即屬分類編選的。

《試帖仙樣集裁詩十法》，清道光二十三年（1843）鑴，培遠堂藏板，文光堂發行，郭化霖編，分訂二冊，內分春、夏、秋、冬四類。卷首附有〈彙纂先賢詩法分論試帖十則〉、〈前輩論詩總說〉、〈詩品二十條〉。各詩除一般的圈點、眉批、評語、註釋之外，又附有所謂「裁詩十法」，按「描題」、「布格」、「命意」、「用筆」、「琢句」、「鍊字」、「用韻」、「用典」、「屬對」、「鍊氣」、「鍊神」的次序，一一品評。

## （4）賦選

賦選，與試帖詩選略同，流傳較少。臺灣最常見的是《少

品賦》，爲清道光年間夏思佃的個人選集。拙藏另有嘉義耆宿林臥雲舊藏的《竹笑軒賦鈔二集》一種，可知此書亦流傳於臺灣。

《竹笑軒賦鈔二集》，道光二十四年（1844）春鐫，百忍堂藏板，丹陽孫清達編，不分卷，一冊。各篇均註明題目的出處，並有圈點、眉批、評語三項。

（5）合選

合選，即將時文、試帖詩、賦合選爲一編，這類的書大都爲官方出版，如上述《海天玉尺編》、《瀛州校士錄》之類，以及拙藏的《考卷青雲》均是。

《考卷青雲》，原書二冊，因上冊已佚，故不詳出版者暨出版年月，但因每篇作者姓名之上，都注有府、縣學名及名

▲科舉參考書：《考卷青雲》。

次，如「歲取福寧府學一等一名」、「科取南安學一等二名」之類，足證此為福建學政選輯各府、縣的歲、科考文章而成書的。書中分時文、賦、試帖詩三種，時文的篇幅最多，約有一百六十頁、賦十頁、試帖詩十頁，可知後二者只是附錄性質。時文亦為四書文題，全書僅有圈點、評語兩項。

(6)硃卷(墨卷)

　　進士、舉人自刻硃卷或墨卷的體例，是先列姓名、年歲、籍貫，次及族戚。自始祖起，凡歷代祖先功名、官職可考的，完全列入，直至本身的父、母、妻、子、女、兄、弟、伯、叔、姪。以次為受業師、受知師名銜略歷、同考官名銜、本房原薦批，筆者藏有胡商彝《會試墨卷》一冊，係屬清光緒辛丑、壬寅的恩正併科，這科正是廢除八股時文改試策論的首次考試。

　　策論題分別是「敬事而信、節用而愛人義」、「管子內政寄軍令論」、「漢文帝賜南粵王佗書論」、「陳思謙言詮衡之弊論」、「泰西最重游學，斯密氏為英大儒，所論游學之損亦最切摯，應如何固其質性，限以年例，以期有益無損策」，前四題非熟讀經史不可，絕非八股文的文字遊戲能比擬。最後一題，乃針對當時的留學政策而出題，非涉獵東、西洋各國風土民情者，無法下筆。

(7)性理論選

　　性理論選，是選輯有關〈太極圖說〉、〈通書〉、〈西銘〉、〈正蒙〉、〈性理摘要〉等宋儒理學的文章而成書的，偶爾也會與《孝經》輪流出題，文體也是八股文，但性質特殊，姑附述於此。這種性理論選，較賦選更難得一見，筆者所

藏僅有《性理論新編》一種。

　　《性理論新編》，光緒六年（1880）春鐫，上元文運昌編，五卷，分訂五冊，掌心本。書中所選的都是同治十一年（1872）壬申恩科的文章，卷末附有「擬題摘要」，每篇只有簡短的評語，圈點、眉批俱無。

　　編選參考書，不論古今，大都以賺錢為目的，只有清代官方刊印的可算是例外。為了銷售，當然就會不擇手段，書商的宣傳花招，是人情之常，不足為奇，但朝廷大吏仗勢強迫推銷，就要令人側目相看了。

　　清代以治西北史地極有成就的大學者徐松（星伯），在清嘉慶十六年（1811）被舉發，說他刻有《經文試帖新編》一書，每到一處主持考試，就交給當地教官去賣給童生。在長沙府及長沙、善化兩縣，就賣出一百四十本、一百二十本不等，每本賣銀三錢六分。後來根據調查，該書一版共印六千冊，交四千多冊給各地教官零售，總共賣了二千三百八十冊，所得利潤是四百七十六兩銀子。就為了強迫推銷參考書及其他幾件併發案，而落得遣戍伊犁的下場，這是強賣書者應引為殷鑒的。

## 八、科舉相關習俗

### （一）擲四紅

　　以整個中國而言，科舉已經歷了一千三百年，臺灣因開發較遲及割讓給異族，而提前結束科舉制度，前後只有短短二百餘年，但因往後仍有許多「現代科舉」相繼而起，以致冥冥中主宰考試、科名的各種神祇，至今依然神威赫濯。相關的習俗在我們生活周遭仍隨處可見，依稀保存著科舉時代的影子。當然時代急速在蛻變，舊社會許多不合時宜的習俗，早淹沒於時

代洪流，年輕一代可能聞所未聞了。

　　根據臺灣府、縣方志記載，讀書人爲求得掄元吉兆，都會在每年中秋月玩吃狀元餅的遊戲，利用中秋賞月之際，製作一個特大肉餅（月餅），硃書「元」字，然後由同社每個成員，分擲骰子，如有擲得四紅者，這塊大餅便歸他取得，並藉此預卜今年考運。另外，據婁子匡《歲時叢談》記載，臺灣中秋節還有一種「鬥四紅」的風俗。這是一種賽餅之戲，文人雅士相邀買一組餅單，可以換取大小狀元餅六十三個，然後用擲骰子（四或六顆）來爭取餅單，以擲取「四紅」之數分取餅單，如得四紅則稱「狀元」可奪取最大的餅。凡得狀元餅者，明年中秋還得送來狀元餅再參加競賽。這種「鬥四紅」博月餅的遊戲，既爲取得好兆頭，所以月餅也取了一些和功名相應的名字。合狀元、榜眼、探花餅各一、會元餅四、進士餅八、舉人餅十六、秀才餅三十二，共六十三個。又每年七月初七日，是牛郎織女相會的七夕，同時也是魁星誕辰，文士聚集慶祝，必定要循例殺狗祭祀魁星，鄭大樞〈風物吟〉詩，有「屠狗祭魁成底事，結緣煮豆始何時」，注道：「七夕，士子殺狗取頭以祭魁星。又煮豆和糖及芋頭、龍眼等物相贈遺，謂之結緣。」殺狗取頭祭魁，淵源自古代結草爲芻狗以解除災厄的習俗，但出自讀聖賢之書的文士，總令人倍感突兀。


## （二）敬惜字紙

　　舊社會的人們受儒家思想的薰陶，敬重字紙的觀念十分強烈，無論是城鄉中廣設的「聖蹟亭」或是將倉頡等人神格化，皆可見農業社會對讀書人地位的抬升和尊敬，或依現代的眼光來看，還帶著一絲環保意味呢！

## 1. 倉頡夫子

聖蹟亭，亦名惜字亭、敬字亭、敬聖亭、字紙亭，以供焚化字紙。在某些人文薈萃的地區，甚至還有「惜字會」之類的組織，出錢出力，以推動此一極具意義的民俗。影響所及，即使是目不識丁者，也不敢任意的糟蹋字紙，凡遇地方有被遺棄的字紙，必定撿拾收藏、洗淨曬乾，然後匯集於聖蹟亭火化。火化之後的字灰，則美其名曰「聖蹟」，薰以沉檀，緘以紙素，供於制字先師倉頡牌位前，最後才選定日期，以鼓吹將其恭送入海（或溪流），任其物化。

▲倉頡牌位。

　　臺灣民間，尊敬倉頡爲「制字先師」，亦稱「倉頡夫子」或「倉聖人」。相傳倉頡爲「黃帝史官」，長有四眼，故能仰觀日月星辰之行，俯察鳥獸蟲魚之跡，而創造象形文字，免除先民結繩紀事之苦。考倉頡一作蒼頡，爲黃帝右史，據漢儒許慎《說文解字》自序云：「黃帝之史倉頡，見鳥獸蹏远之迹，知分理之可相別異也，初造書契。」另據《淮南子》，謂其初造文字時「而天雨粟，鬼夜哭」，注云：「倉頡造書契，則詐僞萌生，去本趨末，棄耕作之業，而務刀錐之利，天知其將餓，故爲雨粟。」

　　上古的造字者，除倉頡外，尚有鮮爲人知的沮誦、梵、佉盧等人。沮誦，亦作沮頌，爲黃帝左史，與倉頡同造文字。倉頡、沮誦所造文字，寫法由上而下，與今日的直寫相同，另有梵、佉盧所造的橫寫方式，前者右行，後者左行。

　　儘管造字者不止倉頡一人，但民間也許受「天雨粟、鬼夜哭」神話的影響，遂把倉頡當作文字神來祭祀，而不及於沮誦、梵、佉盧等人，且受到文人學士的虔誠信仰，敬惜字紙風

▲社頭協天宮倉頡及沮誦聖人牌位。

氣的盛行，此或主因之一。

　　前人敬重文字的觀念，固然由來已久，但撿拾字紙焚灰送海的習俗及其他禁忌，始自何時，恐已難於稽考，惟據清嘉慶十二年（1807），謝金鑾、鄭兼才合纂《續修臺灣縣志》卷三〈學志〉有云：「……然今世之奉文昌者，出其書有《陰隲文》、《感應篇》、《丹桂籍》、《功過格》，大都本於福善禍淫之旨，以爲修身飭己。《功過格》之法，日自記所爲，夜焚香質於神，謂宋趙清獻、蘇文忠、明袁了凡皆行之。」考趙清獻即趙抃、蘇文忠即蘇軾，二公皆宋代知名之士，所謂皆行《功過格》之法，恐係附會之說，並無確據。惟《功過格》一書，則至今仍流傳於世，視其內容，大體都是敬藝文字的獎懲準則，可能在宋代以前，惜字風氣即已普遍的存在。

　　《功過格》相傳爲文昌帝君乩筆，共分「倫常」、「敬愼」、「節忍」、「仁愛」、「勸化」、「文學」、「居官」、「閨門」等八門，每門再分各項，每項又分「功格」、「過格」，有關惜字功過，列入「文學」門。


## 2. 惜字先端敬聖樓

　　臺灣的敬惜字紙活動，目前所知始於臺灣府城（今臺南市）；府城大南門外的敬聖樓，祀文昌帝君，即爲此一活動的中心所在，據清乾隆五年（1740）劉良璧纂輯《重修福建臺灣府志》卷九〈典禮〉（祠祀附）云：「敬聖樓，在南門外。清雍正四年，拔貢施世榜建，祀文昌帝君。」卷十七〈人物〉（孝義附）云：「施世榜，字文標，鳳山人，拔貢生。樂善好施，閭黨姻族貧者，多所周卹。嘗建敬聖樓於南門外，以拾字紙，由壽寧教諭授兵馬司副指揮令。」

　　敬聖樓由施世榜建於清雍正四年（1726），至清乾隆十

年（1745），經劉勝鳩眾重修；乾隆四十二年（1777），再經陳朝樑重修。嘉慶二年（1797），郡垣人士復集資重建，由生員陳廷瑜、生員黃汝濟（後為拔貢）、職員吳春貴、歲貢韓必昌等人董其事。嘉慶四年（1799），增祀倉聖人，統稱為南社書院。置田園八甲，大小二十四坵，坐落在嘉義縣轄善化里木柵社，以供祀費。而傭工撿拾字紙的經費，則另由韋啟億等捐資。同時，並於西定坊的魁星堂後建敬字亭，以收藏字灰。嗣因南社書院位置偏遠，出入不便，清嘉慶六年（1801），眾士紳乃改奉倉聖人牌位於敬字亭中，字灰列架於兩側，並擴建廂房，供撿拾字紙的傭工居住，每年與南社書院同日祭祀。

清嘉慶十一年（1806），臺灣道慶保捐資倡議改建，議成，乃興修倉聖堂居中，前為魁星堂，東為朱文公祠，西為敬字堂，統名中社書院。其經費來源，則包括清嘉慶六年（1801）所捐存生息銀四百圓，供倉聖祭費；又清嘉慶十一年（1806）所捐置店六間，在書院東畔，以及清乾隆三十六年（1774），陳朝樑捐存生息的一百圓，經郭紹芳以興修餘資合此項置業生息，供魁星祭費。

先是郡垣字跡穢褻，人鮮知敬，但自擴建敬字堂後，即頓改舊觀，當時磚造的字紙爐（聖蹟亭）即多達十五所，其分布的情形如次：一在武廟前、一在關帝廟祿位祠前、一在紅毛樓前、一在龍王廟前、一在總爺街、一在府口、一在彌陀寺前，凡七所，皆韋啟億等鳩資所建；一在大西門邊，為李廷宮獨資捐造，以上合計八所，俱為士紳所建。另有街坊民眾捐建的的七所，一在東升巷內、一在開山宮前、一在三宮堂邊、一在頂打石街、一在大上帝廟邊、一在天公埕、一在禾寮街後。此等字紙爐所焚化的字灰，均匯集於敬字堂中，凡遇卯年（即十二年一次），闔城即舉行「送聖蹟」入海的儀式。

▲登瀛書院字紙簍與執事牌。

▲登瀛書院字紙簍，敬惜字紙。

▲振文書院字紙亭,敬惜字紙。

　　關於郡垣建造敬字堂的意義,臺灣縣學教諭德化鄭兼才於
清嘉慶十二年(1807)夏,曾撰〈捐建敬字堂記〉予以闡述,
略云:「……字紙其跡者也,返諸聖人之所以作字之故,則欲
人知忠孝信義之事,故筆於書,便觸目而警諸心,求其解以歸
其用,則在朝爲正人,在鄉爲善士,必皆自識字起,其爲教孰
大?於是吾願登斯堂者,由其瀨以觀於深得聖人制字之意,務
無虛敬聖之心,則倉聖之祀,與文昌、魁星且並光學校,豈徒
區區字紙乎哉。」誠如鄭氏所論,撿拾字紙乃貴在「由其瀨以
觀於深得聖人制字之意,務無虛敬聖之心」,而並不在乎「區
區字紙」,此點才是最爲重要的。

　　其次,歲貢生章甫所著《半崧集》卷六也收有〈建敬聖亭

疏〉，係撰於清嘉慶二年（1797），乃章氏爲募建敬聖亭而作
的文字，其中有「臺郡文瀾扇海，翰墨流香」之句，可知所建
的敬聖亭當位在郡縣內，且「建非一處」，因文成於清嘉慶二
年（1797），自與上述士庶所建的十五所字紙爐無涉，蓋郡城
自清雍正四年（1726）施世榜建敬聖樓募僧撿拾字紙以降，迄
清嘉慶四年（1797）增奉聖神位止，凡七十年，其間當有建造
聖蹟亭以焚化字紙者，證以章氏之文，愈覺可信。

### 3. 民間禁忌

官縣的推行惜字，立意固佳，但卻未能收到立竿見影的效
果，充其量只不過禁止若干公開發售的食物印字、器物漆字之
類陋習而已。至於民間日常起居，與文字攸關者，則難免會有
鞭長莫及之嘆，於是主宰文字的神祇，遂應運而生，在當時的
社會環境，其效果之大是可想而知的。

眾神之中，與敬惜字紙民俗關係最深的，除制字先師倉聖
人外，當推大魁夫子（魁星）與文昌帝君。臺灣民間則又將大
魁夫子、文昌帝君與朱衣神君、關聖帝君、孚佑帝君合祀，稱
爲「五文昌」，信仰亦甚普遍。

因冥冥之中既有神祇的鑒臨，故昔人基於敬畏的心理，
不僅對字紙、經書必恭必敬，不敢有絲毫的褻瀆，甚而其他與
文字攸關的動作、日用品，往往亦爲禁忌的對象。譬如世傳文
昌帝君有名的「蕉窗十則」（五戒五勸），即列有「戒廢字」
之條，云：「勿以舊書裹物糊牆，勿以廢文燒茶拭桌、勿塗抹
好書，勿濫寫門、勿嚼詩稿、勿擲文尾。」不但如此，《文昌
帝君寶訓》一書，更列有「廣惜未有字十八條」，此乃指士子
的筆下道德而言，並非有形的字紙，十八條包括有下筆「關人
性命者」、「關人功名者」、「係人閨閫者」、「訐人陰私

▲興賢書院倉頡牌位。

者」、「傷人祖父者」、「干犯長上者」、「代人唆訟者」、「離人骨肉者」、「謀人財產者」、「傾人活己者」、「有成淫戲者」、「令人飲恨者」、「觸大忌諱者」、「顛倒是非者」、「妄生猜疑者」、「有關風化者」、「褻瀆聖賢者」、「傷害物命者」俱是告戒士子於下筆之先，應考慮其後果，以重文責。

雖然一般勸導敬惜字紙的善書，均鼓勵將字紙火化，惟臺灣民間有一項很大的禁忌，傳說竈王爺（司命眞君）目不識丁，苟將字紙送入竈中焚燒，不啻是一種諷刺，故會受到瞎眼的懲罰。

竈神起源甚古，爲五祀之首，在往年農業社會，幾乎家戶都祀有其神位，與民間關係至爲密切。臺灣民間流傳甚廣的《敬竈章》一書，最初刊於清道光二十年（1840），光緒十三年（1887），彰化「勝芳」曾加翻版。書分八章，其中第七章即是專講「敬惜書字」的，列有種種文字禁忌。

▲各種祭品均有寓意。

　　此外，民間還盛行其他文字禁忌，惜無完整的資料，難窺全貌，筆者僅能從各種善書加以歸納，約有下列三大類型：

（1）勸戒士子
　　撰邪說淫詞、損人壞俗文字、早起穢手不洗執筆研墨翻書、大小便不洗手讀書寫字、文字任意擲床榻被褥不潔之處、文書字扇帳目藏靴襪、以字扇裸臥搧風、裸體讀書、子弟背書

怒擲地下、粉牆板壁桌案隨意亂寫、字紙點火吃煙、字紙燒茶拭几硯、以書枕頭、字紙蘸油燃亮、口中嚼爛、因怒扯碎、刻字筆梗用舊不燒久致廢棄、廁中讀書、舊籍和灰、詭祕劃言地下、酒醉寫字、輕筆亂寫拋散、旋寫旋塗抹、寫離婚賣兒子、唆訟砌詞、塗抹好書，任寫訛字怪俗字……。

(2) 勸戒眾人

牆角出小恭處貼報帖字條及官府告示、面對壁上字帖大小便、城磚石有字小便其上、賣廢書、字紙夾針線、糊窗壁、包裹物件、遺棄污穢、刀剪裁破、不潔之物及新靴襪等置書上、有字綾絹改做衣裳、布疋連字做衣、靴裡字號不去、暗袋荷包繡字、椅凳反面貼姓氏、錢置機地並坐身下、香粉茶皀等物用招牌字號紙包不焚、新年換對刮碎舊字不燒、無用賬目及廢書字稿既不收藏又不焚燒、聽鼠唧蟲蝕、途中污穢字紙不留心撿拾、瓷碗字跡不撿拾、燒過字灰不赴流水、字紙覆罈蓋甕糊窗擦盤、或作竹馬頭騎破丟於糞內、或作鬼紙臉戴壞丟於溝中、毀人刻碣、敷粘滿壁輒為風雨所飄零、錢繫女腰、膝上置書、字紙塞鼻拭膿、手拈唾液寫字、靴上做卍字、小兒戴有字首飾、被蓋上書號、舊書板作柴燒……。

(3) 勸戒各業

典鋪修削字號小牌隨即燒盡勿可狼藉、小票取贖時必須撿出收入字彙以免狼藉、西客皮貨每張勿用圖記、扇店做夾青扇骨切勿寫字、煙店紙包勿加圖記[78]、茶食店糕上每用狀元茯苓紅印字樣[79]、書鋪用舊褙新書並以字紙作紙撚切訂裁碎最為

---

78 原注：人不留意，取其煙、遺其紙，最為造孽。
79 原注：日賣與人最為造孽。

褻字[80]、衣莊號碼不可加於裙褲被褥上、靴鞋幫內勿用圖記、線香紙上勿用字印[81]。可見廢紙再製新品，雖爲當時風氣所不容，但利之所趨，仍會有人祕密進行交易。

## 4. 宗教對敬褻字者的獎懲

　　早年民間對敬惜字紙的虔誠態度，固然歸功於神道設教的勸導有方，其實最主要的，還是吾人趨吉避凶的心理有以致之，蓋當時的推行敬惜字紙，每編纂各種善書，將敬褻字者的因果報應，舉證歷歷，以收潛移默化之效。關於敬褻字者獎懲的執行機構及標準，據臺灣民間流傳極爲普遍的《玉歷至寶編》有云：「六殿卞城王，司掌大海之底，正北沃燋石下大叫喚地獄，廣大五百由旬，四周復另設十六小地獄。……陽世……藏貯悖謬淫書不燬、不敬惜字紙經書、塗扯勸善書章、器皿、臥床、椅桌一切器用瀆書字號墨記等項，有犯之者，俱發入大叫喚大地獄，查所犯事件，應歸何處小地獄。」此爲陰司對不敬惜字紙者最嚴厲的懲罰。

　　至於獎懲的標準，諸書不一，最具代表性的即世傳的《文昌帝君功過律》，書中列有「惜字功律」二十四條、「褻字過律」二十九條，爲敬惜字紙的重要文獻，爰迻錄如下：

惜字功律二十四條

　一、平生以銀錢買字紙至家，香湯浴焚者：萬功，增壽
　　　一紀，得享富貴，子孫賢孝。

　二、平生徧拾字紙至家，香水浴焚者：萬功，增壽一

---

80　原注：租賃唱本小說之店，此孽尤爲更甚。
81　原注：屢見遺落，僧道宜收拾勾各地鄉販及拾字僧人，昂貴收取，設於隱僻處所，至冬載去，極多極夥，藏匿糧船私帶，城邑字紙，盡爲一空，必須關口稽查，非奉督撫不能禁止。

紀，長享富貴，子孫榮貴。

三、多收字紙，字灰深埋深地者；一千功，安樂不流
　　離，子孫昌盛。

四、刊印惜字文書，遍傳世人者；五百功，永無是非，
　　多生貴子。

五、抄寫敬重字紙書訓，闔門令其珍惜者；三百功，子
　　孫發達。

六、見惜字文留示子孫，乃己身敬信功禮者；百功，安
　　樂無禍。

七、化人銀錢，買字紙浴焚者；百功，增壽一紀，施財
　　人永遠富貴。

八、勸世人惜字，並焚怪異淫亂等書者；百功，本身增
　　壽，子孫昌盛。

九、僧道不以有字之幡作囊雜用，能自戒勸人者；五十
　　功，德名光顯。

十、見人作賤字紙，能以素紙換焚，或以他物換焚者；
　　五十功，百病不生，轉禍無福。

十一、禁人不以字紙拭穢者；五十功，其人昌盛。

十二、凡人有難，或急或緩，見字紙必焚浴者；萬字十
　　　功，即得平安。

十三、勸人不以字紙及錢，放床褥下者；十功，一生永
　　　得平安。

十四、偶遇穢處，見字紙即收起，不輕忽者；十功，一
　　　生平安。

十五、禁人馬上有文字及錢不騎者；十功，永得安樂。

十六、不以字紙及書，夾鞋樣，自戒內眷及勸人者；
　　　六十功，子孫智慧，不忤逆。

十七、勸人不以書字置濕處霉爛、並扯碎毀踐者：十
　　　功，必得名壽。

十八、生平不輕筆亂寫，塗抹好書者：十功，永無凶
　　　事。

十九、刮洗器物門壁上字者：十功，眼目光明。

二十、讚揚敬字文爲功德者，十功，獲福必多。

二十一、見人以字紙封蓋葷臭器皿，換取浴焚者：十
　　　　功，無惡事相遇。

二十二、遇字紙污濁，漂淨水中者：百字一功，免諸疾
　　　　障。

二十三、以字紙焚香爐中者：五功，得享吉祥。

二十四、代人收採浴焚字紙者：萬字一功，得享清福，
　　　　勸人多惜，報應如例。

褻字罪律二十九條

一、將人錢買要浴焚之字紙，取用作踐者：一百罪，夭
　　折，子孫貧賤。

二、騙人買字紙錢，不買字紙焚者：一百罪，定然惡病
　　夭折。

三、己紙不敬字紙、經書，又不訓子弟，遞相輕侮者：
　　一百罪，惡瘡遍體，生癡聾喑啞。

四、遇字紙焚處，踏踐撲滅收用者：八十罪，定生腫
　　毒。

五、家中破書廢紙，換碗換糖作踐者：八十罪，定生癡
　　聾喑啞。

六、家藏敬字書文，或拭穢並糜爛者：七十罪，多惡事
　　無救。

七、僧道以有字幡，作囊雜用者：六十罪，<sub>与褊</sub>受刑。

八、以字包藥、裹經書、木魚、器用者：五十罪，蒙蔽慧心。

九、以字紙拭物拭几，及揉搓棄地者：四十罪，遭流離、去智慧。

十、勸善書、惜字文，不信不傳者：三十罪，窮年窘迫，生不孝子。

十一、以經書、字紙，放船艙底並馬上騎坐者：十罪，生瘡，受人欺侮。

▲道東書院字紙亭，敬惜字紙。

十二、已身不敬重字紙，反笑人者；十五罪，多遭橫非。

十三、以字紙漂污水、焚穢地者；十五罪，多目疾皆盲。

十四、以經書作枕頭，及以錢與字放床褥者；十五罪，窮苦受杖。

十五、以字紙引火打亮者；十罪，生瘡癬。

十六、見婦女剪字紙做鞋樣，為花墊盤、盛盒，男子不禁止者；十罪，受官刑懲。

十七、以字紙糊窗、墊褙屏、裱書殼者；十罪，定冤枉不明。

十八、以字紙嚼爛吐壁上，及扯碎作書撚者；十罪，爛唇，手生惡瘡。

十九、掩昧敬紙功德者；十罪，不得吉祥。

二十、女眷以字紙、經書夾鞋樣，男子不禁止者；十罪，生忤逆子女。

二十一、婦女繡字於荷包、香袋、扇插、枕頭上，不行禁諭，及繫帶腰間，枕臥褻污者；五罪，得暈眩拘攣疾。

二十二、親筆亂筆，拋散不顧，及旋寫旋抹者；五罪，減聰明。

二十三、以字紙、扇書啓插靴襪者；五罪，足生毒瘡。

二十四、以字號寫器物上，致人坐踐者；四罪，家店不祥。

二十五、以不淨手檢閱經書者；三罪，生叉指瘡。

二十六、以字磚墊路者；三罪，行事不順遂。

二十七、於地上畫字者；三罪，多遇險阻。

▲興賢書院敬聖亭，敬惜字紙。

▲興賢書院敬聖亭整修前。

二十八、剜裁字跡者；一罪，多受驚。

二十九、以字紙褙神像，拾納牆壁內者；一罪，雖有功
　　　　不祿。

　　功過律之後，另附錄有數則情況較爲特殊的〈宥悔遂報
例〉，摘錄如下：「無子者，如於灶神前、家堂前、文帝案
前，申文發願，終敬惜字紙，及印送惜字書籍，上富萬部、中
富五千部、下富千部、貧二百部，准於生子聰明富貴，增福增
壽。」「倡立惜字會，或獨立惜字社，或勸設惜字會，得有一
項成立，而本身能令闔家敬惜不懈，或化及一方一邑者；准於
求子得子，求富得富，求福得福，求官得官，以及病者求安得
安，凡有所求，無不遂願。」「購惜字簍篸百隻者，多者依以
類推，永不患眼疾。」「購置木質字簍百隻，或洋鐵簍百隻，
懸掛街頭巷內者；增壽五年，不遭惡事，多者依此類推。」
「募印惜字書籍五千部以上者，賜福增壽，子孫顯達。」「獨
立捐資印惜字書籍千部以上，而不爲求子者，准於闔家消災獲
福，增壽延年。」

　　另有善書《玉定金科輯要》，也列有各項報懲事例，雖
甚爲詳細，但其內容仍不出《文昌帝君功過律》的範圍。茲舉
一例，譬如上文第二十八條云：「剜裁字跡者，一罪，多受
驚。」寥寥數語，而此書則演爲「剜裁字跡者，一次，一罪，
至十次，遭受憂驚一次。以後照科，至百次，遭受拘攣一次。
不悛，限終，勾入疫劫。」洋洋灑灑，餘可依此類推。

　　此外，善書之中，尚有不少關於敬褻字紙的獎懲資料，爲
節篇幅，茲不贅述。

　　早年臺灣由於印刷術不發達，教育未能普及，而成爲敬惜
字紙風氣凌駕中國內地的最主要因素。如今印刷術日新月異，

▲鹿港龍山寺惜字亭。

各級學校林立，文字的應用，也日趨廣泛，舉凡吾人日常生活所接觸者，無論是食、衣、住、行、育、樂，鮮有不使用文字的。畢竟時代已異，於今固然不能以昔人的眼光，來作為敬褻字紙的準繩，但亦不能將昔人視為神聖的惜字觀念，概以「迷信」、「無稽」為理由，橫加一筆抹殺，例如牆上亂寫文字、張貼紙張，或隨地任意丟棄字紙、撰寫邪說淫詞、損人壞俗文字等行為，在我國現行的法律，尚且有處罰的條文。他如隨意扯碎書籍、字紙必須收入字紙簍、早起穢手翻書研墨、大小便後讀書寫字、裸體或酒醉讀書等禁忌，則為關係個人的道德修養，故某些禁忌仍是值得提倡、保存的。

### 5. 清代送聖蹟舉隅

　　清代的彰化縣，文風鼎盛，科舉人物輩出，自然敬惜字紙的民風也相當普遍，惜字亭分布於人文薈萃的彰化、鹿港及員林等地。目前道東書院、興賢書院以及鹿港龍山寺各有聖蹟亭一座。鑒於聖蹟亭的存在，清代彰化縣境內，必有恭送聖蹟的儀式。

　　清代的臺灣，敬惜字紙以及送聖蹟行事，為極為普通的讀書人習尚，因此每為方志文獻所忽略。道光《彰化縣志》錄有陳學聖「字灰」一首：

　　　　字從倉頡創成形，挽石何如識一丁。珍重爐灰勤檢拾，更將鼓吹乞河靈。[82]

　　字灰，顧名思義，即聖蹟亭（字紙亭）將字紙火化後的灰

---

82　周璽，《彰化縣志‧卷十二　藝文志》，頁492。

爐，這是民間俗稱，通常讀書人會稱之為「聖蹟」，以示對文字的尊重。末句「更將鼓吹乞河靈」，點出了這些字紙灰的最後歸宿，以隆重鼓樂將之送入河流，讓它回歸自然。

《彰化縣志》並無專節敘述，所幸有關文昌帝君祠租產紀錄，意外留下彰化「送聖蹟」的紀事，文昌帝君祠，在彰化縣治東門內文廟西畔，嘉慶二十一年知縣吳性誠以明倫堂既移建於文廟東畔，乃以其故址，捐俸倡建，紳士林文濬、羅桂芳等董其事。文昌祠有田租數筆，包括同安厝莊田共三甲六分，園共三甲九分。又園一甲五分，年收大小租銀共八十六元四角，此租為嘉慶年間該處溪埔浮復，業戶吳升東與歲貢生楊汝佐互控爭收，歲貢鄭士模等出為調停勸和，將此租充入文昌祠，以為香燈之費，又在縣城內小西三角窗瓦店一座，年收稅銀七十二元，此店為嘉慶年間，廩生林中桂外戚王贊，與廩生王有慶互控，林家將此店充為文昌祠香燈。此二租均交文昌祠值年首事管收，以為該祠年中經費，包括廟祝工食，年給辛勞銀二十四元，僱請敬拾字紙工一人，年給工食銀二十四元，共工銀四十八元，其餘租稅銀，收為二月初三日恭祝帝君聖誕祭費，及正月十五日恭送聖蹟赴大道溪流諸用，具定條規，遞相承辦，首事擇紳士有品望者為之。[83]

彰化縣城以每年正月十五日恭送聖蹟赴大道（大肚）溪流，並訂定條規，交由承辦首事遞辦，這是道光初年的情形。又彰化紳士吳德功《瑞桃齋文稿》有文記光緒年間彰化城「送聖蹟」事，有「十三保同駢臻，縉紳雲集；十二年一鴻舉，遐邇風行。」之句，並有後記云：「彰敬重俗字紙，僱人收拾燒灰，貯存文祠內，每年恭送至大肚溪；十二年一次，新科拔

---

83 周璽，〈祠廟〉，《彰化縣志·卷五　祀典志》，頁153-154。

貢，當先騎馬，執五魁彩綢旗，紳士扛聖亭，十三保齊集，妝扮故事，百戲俱陳，甚盛典也。」[84] 此記除呼應道光《縣志》每年送往大肚溪紀事，並可補充其不足，尤其是每年恭送至大肚溪之外，逢酉年分，即每十二年有一次盛大「送聖蹟」活動，全縣十三保紳士齊集，由紳士擔任扛聖亭，並以當年新科拔貢騎白馬手執「五魁彩綢旗」，走在隊伍最前端，遊行隊伍還有各式藝閣妝扮，熱鬧非凡。可惜此一條規未見流傳，目前僅見澎湖民間猶保存有古老的「倉聖祭祀儀節」，該儀節自祭祀前的「布告同人」起，迄「祝文」止，條例甚詳，甚至各種祭品均有某種涵意，儀節中也都詳予註明，實不失為臺灣敬惜字紙民俗的珍貴文獻，清代彰化的送聖蹟儀節，也是利用正月十五日倉聖人祭典後進行，與此大同小異，頗有參考價值。

　　倉聖人為制字之神，自來即深得儒士的崇拜，故往昔臺灣各地的送聖蹟，也多訂於正月十五倉聖祭典之後，同日合併舉行，其祭典及送聖蹟的情形，清代各方志雖不乏記載，但均頗為簡略，如所謂「士庶齊到」、「衣冠整肅、鑼鼓喧天」、「張燈結綵」、「極一時之大觀」等。且各志的典禮志，多將朝廷列入祀典的文武二聖祭典儀注悉為載入，自不可對於民間舉行倉聖祭典及送聖蹟儀節予以採錄，百餘年後，此一民俗絕跡，當日的祭典儀節，也隨之湮滅，殊覺可惜。

　　各地祭祀倉聖的社團，為求參與者有一共同恪遵的規範，均備有祭典須知的「儀節」抄本，並列入交代以供輪值辦理者使用。澎湖民間所流傳者，為道光年間訂定的版本，迻錄全文如次：

---

84　吳德功，《瑞桃齋文稿》（南投，臺灣省文獻委員會，1992），頁180-181。

　　恭迎聖蹟回，舊爐主再行拈香禮拜，請聖人神位登駕，用八人扛駕、二人隨駕、二人手執禮香於駕前，又用一人督隊。執事皆對列，無許參差；旗鼓前行，不得離駕太遠。

　　既到爐主書館，先拈香安座，然後致祭。爐主備陳祭品等物，應自簿親點齊備，無致臨時倉皇不敬。主祭應小心敬謹，不得失儀。通贊一人，當熟儀注。讀祝一人，當熟讀祝文。引贊二人，當知進退。神位前司帛爵二人及香案前司飲福二人，當知拜跪。司鼓一人，當熟讀三通。司炮一人，只慎點火焚帛放燎而已。祭畢，即鬮定明年新爐主。

　　奉祀聖位，當於書館；或該爐主本年無書館、或在過水教讀，即就本鄉書館奉祀，不得祀於家居也。若有事故或不得已外出，應於諸友中仗一人代迎，通知眾友；無許擅便，以致廢弛。

　　鬮定爐主若係童生，而本年有新進者，應讓新進者；有新中者，應讓新中者。

　　上席飲福，當有名分上下之辨，以主祭執事及新爐主坐上席，席亦應分別長幼；所倩吹手鼓樂之人，另設一席，不得同席混雜。

　　是日飲福，爐主只就祭品開設，不必多費；酒每席只用二瓶，不得多飲，以致失儀。

　　舊爐主於上元前三日分單，同具新、舊爐主姓字，布告同人，各備衣冠，到舊爐主處恭聖蹟，赴之清流大海；然後迎駕到新爐主書館致祭，無衣冠者，不得與也。

　　是日諸同人應齊到恭迎，除守制、養病及外出者勿論；其餘不到，候飲福後，公共到家議罰。

　　每年恭迎聖蹟，不論生童有無教讀、有無事故，宜備銅錢一百文，著舊爐主於分單之日收齊，款交新爐主以備祭品等費。其中有一二未便，至期亦當親帶來交；或有外出者，該爐主登記在簿，候其回家照賬清討，無庸挨托。

　　是日，諸人各帶壽金一百紙錢一帖，敬奉聖人。

　　舊爐主是日先備小船一隻虔陳金、香、紙、燭、清茶、薦盒。候諸友齊到拈香禮畢，即將新爐主所倩鼓樂恭迎聖蹟至海岸；新舊爐主奉之登船，船上用大鑼一面、長旗一枝。諸人仍在海岸，俟送畢，一齊禮揖而回，無得懈怠褻玩。

　　歷年聖亭執事，逐件款交值祭之收貯；失落，則該值祭應自賠補。

　　列祭品：五性全副──豬腳（曰豚元）、雄雞（曰翰音）、魚（曰化龍）、柔魚（曰春官）、大腸（曰冠場；入尢米）。又香菜五小碟：鹽（曰虎形）、福員（曰龍眼）、芹菜（曰采芹）、蓮子（曰聯捷）、燕（曰赴宴）。又粿品二口：米發粿（曰發科）、油員棗（曰薦早）。五性盤、五果碟（五塊）、酒爵（三塊）、禮瓶（一支）、小木盤（二塊：一盛福酒、一盛胙肉），排於香案上。灼檯三對（一在神前、一在祭品邊、一在香案）、面桶架（一支）、面桶一個、新布面巾一條（以爲主祭盥洗）、拜毯二條（一在神位前、一在香案前）、拜簞四塊（一在神位前、一在香案前、一在香案邊、一在階下），香案棹一塊（上排宣爐几棹全座香桐灼匙）。

　　列祭品：聖亭一座、竹箱（二腳）、線鬚（四條）、亭槓（全付）、綜紐（六條）、神座內龍套（二

支）、辰鐘（一個）、黃涼繖（一支）、文昌旂（一
對）、金魁（一對）、佛手（一對）、彩牌（一對）、
天下文明牌（一對）、制字先師牌（一對）、長旂（一
支）、豎燈（一對）、化龍長。

列儀注：啓鼓三通，執事者各司其事

詣盥洗所，盥洗。

行迎神禮：（從略）。

列祝文：維道光□□年歲次□□，□□朔；越□□
日，主祭後學姓□□暨眾士子，謹以牲醴粿品束脩香楮之
儀，敢昭示於制字先師倉聖人之前曰：始制文字，功烈偉
然！昔賢欽爲楷式，後學仰其芳傳；欲展誠敬，用薦豆
邊。伏願人文之鵲起，惟冀科甲以蟬聯！尚饗！[85]

　　總之，科舉制度的許多習俗，離現代現實生活已有一段差
距，除了少數有點荒唐的行事或禁忌外，一般而言，無論祭品
寓意或工藝圖案，都屬珍貴的民俗文化。至於因科舉果報而大
行其道的敬惜字紙風氣，若將果報的神祕成分去除，仍符合現
代人的環保觀念，值得從另一個角度大力提倡。

---

85　臺灣銀行經濟研究室編，〈蒼聖祭祀儀節〉，《臺灣關係文獻集零．十八澎湖
　　文獻抄存》，頁193-199。

# 第九章 結論

　　清代的彰化，文風鼎盛，書院分布極為廣闊，以現存書院
數量而言，仍有三座之多。清代以科舉取士，書院制度，各地
大同小異。科舉時代結束，書院的際遇，雖有幸與不幸，而其
功能不再，則並無差異。彰化書院為臺灣書院體系的環節，論
述彰化書院，不妨略予闡述全臺書院與文昌帝君信仰關係，以
及日治後書院功能的轉化。今臺灣的現存書院多集中於中部，
僅以中部為例，一併述及。

## 一、文昌帝君與書院

### (一) 源起於自然崇拜

　　遠古的人們，無論東方或西方，夜裡對著一望無際的滿天
星斗，往往發揮了豐富的想像力，分別加以命名，賦予各種功
能，於是紫微垣的文昌六星，成了讀書人崇祀的對象，後來又
結合梓潼令張亞子仕晉戰歿的故事，而成為「司人間祿籍」的
文昌帝君。

　　自從漢代罷黜百家，獨尊儒術之後，在專制帝王的鼓吹之
下，每個朝代幾乎都以儒家思想作為施政的準繩，儒家經典成
為科舉考試的標準範本，各地也都建構了孔廟、儒學合而為一
教育體系，既是孔廟，也是當地的行政教育機關。

孔子畢生從事教育工作，因材施教，陶鑄人格，對於「怪、力、亂、神」，並不贊同，由自然信仰而人格化的文昌帝君信仰，既掌握著人間祿籍，自廣受讀書人所崇敬，雖與孔子教育思想不合，卻也在孔廟中佔了一席之地，孔廟中往往建有高聳的文昌閣，使具有濃厚道家色彩的文昌帝君，也融入了儒家文化，在孔廟中孔夫子有如循循善誘的教育家，文昌帝君則是恩威並濟的訓導人員，因此後人也不免有了文昌帝君是道是儒的爭議。

清朝嘉慶六年，朝廷將文昌帝君頒入祀典，在國家祀典的帶動下，使文昌帝君信仰達到最高峰；孔廟之外，文昌帝君信仰不僅延伸到書院，甚至再深入到民間的社學，其教化的神職功能，反而凌駕孔夫子之上。

## （二）臺灣書院的文昌崇祀

在清朝教育體制下，孔廟兼具了學宮角色，廟堂內並享先聖先賢作為從祀，這種學校內祭祀空間的設計，其目的在使儒生於讀書之外，去接近聖賢，於潛移默化之中變化氣質，而收到薰陶之效，使有為者亦若是。書院的祭祀空間，向來只祭祀先師，不敢祭祀先聖，這是因官設儒學崇祀孔聖，為國家定制，民間不得擅自建廟祭孔，即使是書院也不能冒瀆、僭越，以示本分。

臺灣自清領之初，就有書院的建立，以康熙二十二年（1683）福建水師提督施琅所建「西定坊書院」首開其端，至光緒二十一年（1895）割臺，文獻可考的書院多達五十餘所，這些書院規模不一，甚至設置目的也不盡相同，勉強加以區分，約有正規書院、義學、社學、特殊教育、試館等五種類型，除特殊教育與試館外，都屬一般社會大眾所習稱的書院，

▲鹿港文開書院，中祀徽國朱子文公，兩旁以海外寓賢八人配享。

官方色彩愈淡，與文昌帝君崇祀愈為密切，道東書院為朱子祠是特例。

　　臺灣的書院崇祀，主要可分兩個層次，官方色彩濃厚的府、廳、縣正規書院，多以宋儒朱文公（熹）為主祀，以文昌帝君為配祀，此因臺灣的書院制度承襲福建書院制度而來，閩南又為朱熹過化之地，所謂「閩中大儒以朱子為最，故書院無不崇祀，海外亦然。」（語見鄧傳安撰〈新建鹿港文開書院

▲碧沙書院文昌帝君。

記〉）。如淡水廳明志書院「中爲講堂，後祀朱子神位」、澎
湖文石書院「前祀程、朱五子，後奉文昌帝君」、鹿港文開書
院「中祀徽國朱子文公，兩旁以海外寓賢八人配享」……俱
是；又如現存的臺南著名古蹟赤嵌樓，兩座閣樓式的主體建
築，其中之一就是原址臺灣縣蓬壺書院附屬的文昌閣，顯然文
昌帝君在該書院也一如其他官方書院，居於配祀地位。

　　屬於民間性質的書院，其主祀往往與官方書院相反，即
主祀文昌帝君，朱熹則成爲配祀，甚至只是居於聊備一格的地
位而已，但也有極少數例外。如南投保義學藍田書院，據曾作
霖所撰碑記，可得知初建時「中祀文昌帝君，後祀徽國文公朱
子」，北投保義學登瀛書院，雖乏文獻可考，檢視現存規制，
也是中祀文昌帝君，朱文公只是象徵性的神牌，地位不如藍田

▲明新書院中祭祀的文昌帝君牌位。

書院。

　　此外，屬於社學性質的書院，如明新書院、興賢書院、磺溪書院，也都主祀文昌帝君。另有若干號稱文祠的廟宇，有讀書儒士藉以作爲敬業樂群、以文會友的場所，所結文社，有時也有稱爲書院的例子，如大墩文祠超然社，其課卷則稱爲「超然書院」，林圯埔文祠的郁郁、謙謙、梯瀛、三益等社，有時也統稱作「碧沙書院」。總之，清代臺灣與民間關係密切的義學、社學、文昌祠，並崇奉文昌帝君爲主神，也都有書院的名稱，三者之間，其實仍很難作一明確的區隔。

　　除了上述民間書院外，也有一所官方書院與文昌祠糾纏不清的特例，此例發生在苗栗縣。一般文史資料，都會介紹苗栗縣苗栗市現有「英才書院」古蹟云云，其實似是而非，按苗

栗建縣於光緒十四年（1888），這年苗栗開始籌劃與新竹分治事宜，已有籌措書院經費計畫，廩生湯樹梅以北坑田埔的明志書院膏火田，屬新縣苗栗轄境，且原捐者也是苗栗人，乃請知縣林桂芬將該田租二百五十石撥歸苗栗，充作新建書院膏火經費，同時撥歸苗栗新建書院的還有內麻莊田租二百石。光緒十八年（1892），暫於文昌祠設立英才書院，由廩生謝維岳擔任董事，管理一切事務。數年後，書院來不及興建，就遭逢乙未割臺之變，廢苗栗縣，當然文昌祠也就兼具了英才書院的雙重身分，割臺前夕成書的《苗栗縣志》，已經有了英才書院章程、學租等記載，卻未見書院建築蛛絲馬跡，直到日治初纂修的《新竹縣志》，才透露說：「英才書院，未建；清光緒十八年暫設文昌祠中。」終於解開了苗栗文昌祠中暫設英才書院之謎。

書院顧名思義，最重要的工作便是教育學生，品學並重，自古而然，因此推動敬惜字紙乃成了書院重要的活動，尤其所舉行的「恭送（迎）聖蹟」，最受矚目。聖蹟，指字紙燒化後的灰燼而言，昔人以為文字為倉聖人（倉頡）所創造，字紙不可任意踐踏，因此刻意加以收拾，送往字紙亭（或雅稱聖蹟亭、敬聖亭、敬文亭等）焚化，字灰儲藏潔淨處所，每年或若干年以鼓樂、儀仗送入大海或溪流，稱為「送聖蹟」，（俗稱「迎聖蹟」，意義同），多選擇在陰曆二月初二日文昌帝君誕辰舉行，也有部分選在正月十五日倉聖人誕辰者，視該書院主祀神是否為文昌帝君而定。

清代臺灣書院的迎聖蹟活動，就文獻可考，年代最早也最為著名的，當推臺灣府城大南門外的南社書院，南社書院前身為敬聖樓，雍正四年（1726），拔貢生施世榜倡建，祀文昌帝君，以募工撿拾字紙為目的，嘉慶四年（1799）地方士紳增祀

倉聖人，改稱南社書院。南社書院逢卯年即十二年舉行送聖蹟
一次，甚爲隆重。

　　至於各地官民書院的送聖蹟儀式，前人留下了詳略不一
的記載，散見各地方志中，僅舉幾個有名的例子：鳳山縣鳳儀
書院內，設有「聖蹟庫」一間，每年裝送聖蹟入海，「是日眾
紳齊到，與祭者數百人，恭送出城，董事預備酒餚數十席以應
客，計麋銀一百二十元。」送聖蹟兼宴請地方大老，雖是人之
常情，卻非敬惜字紙之道。

　　澎湖廳的官方書院——文石書院，建於乾隆年間，曾在光
緒初重建；後殿奉文昌帝君，因非以文昌帝君爲主神，因此送

▲聖蹟指的是字紙燒化的灰爐，清代臺灣書院的迎聖蹟活動隆重而盛大。

聖蹟活動雖也每年舉行，日期卻選在正月十五日，配合倉聖人祭典一併舉行，這天「士子衣冠，齊集書院，以鼓吹儀仗奉制字先師倉聖牌位，迎至媽宮，及送畢，乃返駕於書院。」

雲林縣有龍門書院，祀文昌帝君，是屬於民間建築的地方性書院，院每年編列兩筆重要開支經費：「春秋祭費銀百兩，迎聖祭祀費銀銀四十兩」，所謂「迎聖祭祀費」，指的就是每年的送聖蹟經費，該書院主神爲文昌帝君，送聖蹟日期應在二月初二日。

規模較大的書院固然有送聖蹟活動，在清代惜字風氣濃郁的舊社會，鄉村介於文昌祠、社學之間的小書院，仍有送聖蹟活動。臺中神岡三角仔莊的文英社，即是一例；該社祀文昌帝君，也稱爲文英書院或文祠，現存有光緒六年（1880）的〈文英書院規條〉，其中有兩條與送聖蹟有關的：

> 「議公舉一妥人，在文祠十里內，專工收拾字紙赴爐化丙，每年訂定薪金伙食銀二十元。」
> 「議祠內租穀，若米穀無價，兼遇迎聖駕送字紙、修理廟宇、振文風、興文教種種義舉，倘有不敷，公議即將歲科考費、延請院師、會課三條暫行停止。」

二條合參，可知文英書院也有拾字紙、送聖蹟傳統，惜無較爲具體的記載。

科舉時代，讀書人十載寒窗，夢寐以求的，不外乎金榜題名、袍服榮身，而司人間祿籍的文昌帝君，自然成了最受讀書人歡迎的神祇；每個廟宇主神之外，通常都會有從祀神的存在，文昌帝君也不例外，官建書院文昌帝君多屬從祀神地位，姑且不論，一般而言，民間書院（包括義學、社學或文昌祠）

▲登瀛書院中大魁夫子牌位。

從祀神祇，不可或缺的有二，一為制字先師倉聖人，一為大魁夫子（魁星），其他如朱文公、朱衣星君、關聖帝君、孚佑帝君、金甲神與天聾、地啞等，隨各書院而異，其中較為罕見的是天聾、地啞二神，竹山文昌祠（碧沙書院）舊有奉祀，各地書院或將二神繪為門神（如苗栗文昌祠，又稱英才書院），以防洩漏天機之故，天聾不能聽，地啞不能言，嚴防關節可想而知。

　　清末結束了中國一千三百餘年的科舉傳統，文昌帝君功能既失，敬惜字紙、送聖蹟逐漸為人們淡忘，甚至消失，文昌信仰也每下愈況。近十幾年來，各項儼然為現代科舉的考試競爭激烈，祠宇冷落的文昌帝君，再度香火鼎盛，准考證影本放滿神桌，時髦的鳳梨蠟燭，照亮文昌殿堂，寓意聰明、能算、勤讀的蔥、蒜、芹，早已取代過去種種意義深遠的祭品，時代推

移，能不慨然！

## 二、日治以來臺灣中部書院功能的轉變

臺灣的書院，除少數屬於特殊教育或試館、純文昌祠（或朱子祠）外，以正規書院與義學兩類型佔絕大多數，都以傳授儒學、攻讀舉業爲目的。

光緒二十一年（1895）乙未之役，臺灣改隸日本統治，科舉制度提前結束，連帶使培育科舉人才的傳統書院，產生劇烈變化，或隨之而消失，或改爲純廟宇，甚至在日治以來臺灣傳統詩學的勃興，也扮演了推波助瀾的角色。僅以臺灣中部四縣市（約略相當於清代彰化縣）爲例，略述日治以來官、民書院的變化，小中見大，見微知著，整個臺灣書院的嬗遞，當可作如是觀。

### （一）清末書院考課概述

臺灣中部以傳授儒學爲目的之書院，主要有官方設立的白沙書院、文開書院與宏文書院，另有半官方性質的藍田書院、登瀛書院，以及民間設立的興賢書院、螺青書院、道東書院、明新書院、磺溪書院等。[86]

以上各書院除官設的白沙、文開、宏文等三所書院，制度完整，定期舉辦官課、師課之外，其餘書院性質大體上都融合文祠、義學、社學功能爲一體，考課方式也有所差異。

白沙書院建於乾隆十年（1745），文開書院建於道光四年（1824），故都列入道光間所修《彰化縣志》學校志，除後此

---

86 中部另有偶爾使用書院名稱者，如超然社、文英社及極爲隱晦的鰲文書院，均不納入。

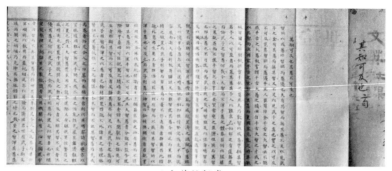

▲文英社課卷。

才成立的道東書院、宏文書院、礦溪書院外，其他文人結社、以文會友性質的「社學」，則附於學校志之末，這些社學目前屬於中部四縣市範圍，且硬體建築有書院之名者，僅螺青社與興賢社（登瀛社似與登瀛書院無關），誠如其小序所言：「社學則諸士子會文結社，以爲敬業樂群之所。大都有文昌祠，即有社學，如犁頭店之文昌祠內，士子以時會文，而名其學曰騰起社是也，餘可類推。」[87]

《彰化縣志》所載白沙、文開二所書院，均詳列其沿革及學田建置、藏書數量等，對於其教學、考課情形，反而未見敘述，也許當時視此爲具文，並不特別重視。幸日治初期，當局做臺灣舊慣調查時，曾針對各書院進行了解，而留下相關紀錄[88]，茲就中部地區部分引述如次：

## 白沙書院

　　在歲考、科考的年份官課與師課舉辦七次，其他年份則舉辦十次。官課在初二日，師課在十六日。師課以生

87　周璽，〈小序〉，《彰化縣志・社學》，頁149。
88　陳金田譯，〈臺灣的書院〉，《臺灣私法第一卷》，頁532-538。

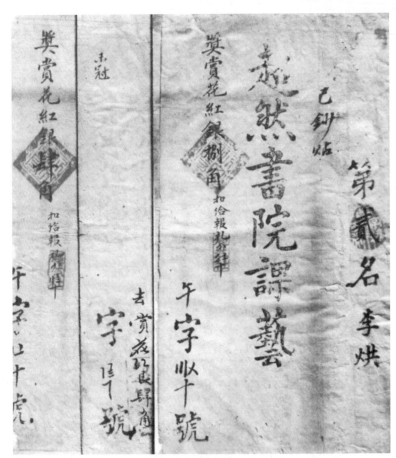

▲超然書院課卷。

員的前十二名爲內課生，每人賞給膏火銀二元四角，其次
的二十名爲外課生，每人給膏火銀二元二角。童生的前
二十名爲內課生，每人賞給膏火銀一元二角，其次的四十
名爲外課生，每人賞給膏火銀八角，其餘爲附課生而不給
賞，此一名次在年初的官課決定後一年內不變更。官課的
獎金別稱爲花紅，由知縣賞給，據說花紅賞給十名，生員

內課生一元至四元、童生內課生一元至二元。另以經費剩餘，補助鄉試應考者旅費。

## 文開書院

每年實施官課及師課各六次，官課在初十日，師課在二十三日，應考者大約生員一百名、童生三百名。無論官課與師課，生員超等四名、特等八名，每名發給膏火銀三元及一元五角；童生上取六名、中取十二名，每名賞給膏火銀二元五角及一元。

## 宏文書院

每月實施官課及師課各一次，生員超等、特等分別賞給膏火銀一元二角及八角；童生上取賞給八角至一元，中取賞給六角。

## 興賢書院

科考之年，舉行師課六次，其他之年則舉行十次，生員前五名爲超等，每人賞給二元；童生上取十名，第一名賞給二元、第二名一元六角、第三名一元五角，其餘七名各一元二角，中取二十名，每人賞給八角。由於興賢書院不受官府監督，故不實施官課。

## 登瀛書院

每年二月的上丁日舉行祭祀，同時邀請轄內捐款人後裔及士子聚餐，本院教授讀書及作文、作詩，學生均爲丁年子弟，即以祭祀費剩餘爲優等生的賞金。

### 道東書院

學生幼者、丁憂者兼收，僅教授讀書及作文而不舉行月課，性質與書院相同。

以上僅列白沙、文開、宏文、興賢、登瀛、道東等六所書院，官有、民有各佔半數，由其考課情形，更能明顯看出兩者之間的差距。官府所建書院，經費充裕，官課、師課兼而有之，花紅、膏火銀優渥，對於以儒為業的讀書人而言，是莫大的鼓舞。民間書院則視城鄉而有所不同，員林街的興賢書院，除了因不受官府監督而不施行官課外，師課與官建書院，並無太多的差別，北投保新莊的登瀛書院，不僅未定時舉行月課，甚至連膏火銀也仰賴每年春秋二季的「祭祀費剩餘」，和美線的道東書院更等而下之，根本不舉行月課，與書房無異。

白沙書院月課內課生、外課生的區別，日治初當局的調查已如前述，惟就現存課卷資料而言，仍有若干疑點，馬肇選《臺灣書院小史》收有該書院內課、外課各一卷，據描述：「卷面上端印有白沙書院卷印，下端並加蓋了彰化縣的大印」，顯然是屬於「官課」性質。內課卷題為「有教無類」，作者曾斗輝，名次為「中等第捌拾伍名，膏火獎金一千文」，外課卷題為「有一言」，作者童生曾鳴球，獎金二百文[89]，由此二例來看，白沙書院官課的內課卷，似只是針對院生的內部考試，分上、中二等，膏火較優，外課生則似屬於全縣性的會考，可能採取較寬鬆的作法，名額較多，膏火較少。其內外課之分，或許是由院內、院外得名，而非依成績名次排定。這些制度在割臺以前，應隨著科舉制度而繼續存在，並無重大改

---

89 馬肇選，《臺灣書院小史》，頁62-64。

變。

　　藍田書院建於道光十一年（1831），據碑記所載，是由南投縣丞朱懋延請南北投、水沙連兩保士庶議建。閱二年告成，中祀文昌帝君，後祀朱文公（熹），即以其廳爲講堂，旁居山長，兩翼廂房爲諸生肄業之地[90]。可見這所半官方性質的書院，自創建時代開始，便有教學活動。道光二十七年（1847）冬，藍田書院重修竣工，曾作霖撰碑記云：

　　　　庚子、辛丑二年，藍田諸君延予主講，從遊日眾，凡南北投及水沙連佳子弟皆萃處是間，相與敬業樂群，以集觀摩之益。[91]

　　庚子、辛丑爲道光二十年（1840）及二十一年（1841），這二年藍田書院已延聘名儒曾作霖擔任山長，師課的舉辦，應毋庸置疑。至於官方與藍田書院的關係，經費補助之外，在考課方面仍有若干措施，《光緒臺灣通志》列傳云：「孫壽銘……光緒五年，再任鹿港同知。……藍田書院在南投，鰲山書院在寓鰲，皆隔五六十里，每課期必親，不以爲遠。」[92]這項紀錄透露了藍田書院舉辦考課的訊息，「每課期必親」，應是指例行的官課而言。

　　又同屬接受官方經費補助的登瀛書院，創建於道光二十七年（1847），日治初的調查資料，極爲隱晦，目前可考的教學活動，僅知光緒十八年（1892）鹿港名儒洪月樵曾在此任教，最晚至翌年二月尚在任，而在其制義文集中留下了示範性質的

---

90　劉枝萬，《臺灣中部碑文集成》，頁39-40。
91　據曾作霖撰〈重修南投藍田書院碑記〉，本碑近年整修書院時出土，現立於外庭。
92　〈書院教育〉，《南投文教》，頁66。

作品[93]。

其他未見文獻資料的螺青、明新、礦溪等書院，大抵都屬兼具文昌祠、社學、書房的地方型書院，各設有社學主導祭祀、教學等活動。螺青書院設有螺青社、名見《彰化縣志》[94]。明新書院興建之前，集集街士庶先於光緒初年成立濟濟社，進行籌建工作[95]。礦溪書院為西螺社所建，曾為當地子弟啓蒙教育之所[96]，惟苦於缺乏具體史料，尚俟異日再增補。

## （二）日治初期的荒廢與消失

日治初期，日本政府統治了整個臺灣，一切典章制度，隨之而改變。科舉制度廢絕，使臺灣以傳授舉子業爲主要功能的書院，受到嚴重打擊，尤以官辦的幾所書院受創最深，民間書院因產權多爲地方所有，大都能轉型而繼續存在。

官辦的正規書院，以培育科舉人才爲主要目的，科舉廢止，書院制度自然隨之瓦解，從初期的建築移作他用，再因年久失修，任其荒廢，終告拆除、消失，白沙書院便是典型的例子。

其次，臺灣建省後由新臺灣縣設立的宏文書院，也遭到廢止的厄運。宏文書院成立於光緒十五年（1889），係臺灣知縣黃承乙採納紳士吳鸞旂、吳海玉、林朝棟等人的建議而興建。原計畫以二萬元在新臺灣府儒學東側建造院舍，但不果行，只能借用舊民舍使用。割臺之後，宏文書院的興建，自然宣告中輟[97]。

93　程玉凰，《洪棄生及其作品考述》，頁141-142。
94　周璽，《彰化縣志》，頁149。
95　劉枝萬，〈清末教育之發展〉，《南投縣教育志稿》，頁14。
96　施懿琳等著，《臺中縣文學發展史》，頁40。
97　施懿琳等著，《臺中縣文學發展史》，頁41。

相對於官辦書院，民間書院在改朝換代的動亂之中，則幸運許多了。一般而言，在清代維繫書院運作的學田，往往被移撥給當地的公學校，甚至房舍充為教舍室，但最後大部分都能轉型為文昌祠或朱子祠而保存下來。

具有部分官方色彩的藍田書院，日治後也面臨「市區改正」的衝擊而拆遷。道光十一年（1831），藍田書院原建在南投街後康壽莊茱園（在今康壽里），同治三年（1864），另覓地重建（在今三民里）。大正元年（1912）的「市區改正」，藍田書院受到影響，四年（1915），又遷建於現址（崇文里）。

早在明治三十一年（1898）五月，藍田書院右廂房三間，就被當局充為臺中國語學校南投分教場。同年十月，改為南投公學校分校及師生宿舍。三十五年（1902），竟將書院「捐贈」南投公學校，但祀神仍存。至大正元年（1912）「市區改正」，書院基址適當道路及水溝工程之衝，致無法使用。大正四年（1915），南投鄉紳林文智首倡重建，募款一千六百元，並得南投公學校資助二千元遷建於現址，於大正六年（1917）三月竣工，成為一座純文昌祠，但因功能不在，而任其「日趨荒廢」[98]。

其次，北斗的螺青書院，在日本統治之後，文教功能不彰，而急遽消失，則是中部地區民間書院少見的例子。螺青書院，初建於嘉慶八年（1803），二十二年（1817）修建，至光緒十一年（1884）擇地改建。割臺之後，公學校成立，螺青書院遂逐漸沒落，乏人管理，任其頹壞。民國四十一年，鎮民許

---

98 藍田書院編，〈南投藍田書院誌略〉，《渡迷橋全集》，頁3-4。參〈文昌祠〉，《南投縣風俗志宗教篇稿》，頁166-167。

某將基址整平耕種,牌位、神像等寄祀奠安宮[99],螺青書院終於走入歷史。

## (三)設塾結社延續漢學

清代的民間書院,除了所設以文會友的社學,會定期舉辦社課外,平常都扮演著書房的角色。

日治之初,全新的教育制度令民眾無法適應,傳統書房仍是民間最普遍的教育方式,而舊有的民間書院也紛紛轉型爲文昌祠(或朱子祠),因此兩者相互結合,使書院在日治初期仍發揮其延續漢學的功能。

日治初,苦於語言隔閡,當局基於統治的需要,其教育宗旨尤著重於推行日語,視其爲「交談之工具」、「文化傳達之手段」、「同化之武器」,從初期的「國語傳習所」,以至剛開始創辦的「公學校」,仍無法被臺灣人接受,中上家庭,尚多墨守舊式書房教育,力避送其子弟前往新制學校就讀[100]。

在這種書房教育仍大行其道的背景之下,過去以培養科舉人才的傳統書院,建築物依然存在,卻日趨荒廢,即使已成功轉型爲祠廟,因功能不彰,難以招徠信眾。日治初期,地方上漢學傳授需求尚殷,於是書院在時代潮流的激盪之下,再度成了傳承漢學的重要場所。可惜相關資料多告散佚,以下僅舉文開書院及興賢書院二例:

文開書院建築宏偉,與相臨的文昌祠、關帝廟構成三合一的建築群,每個空間各自獨立使用。文開書院因在乙未之役,曾經北白川宮能久親王駐紮,被日當局視爲「北白川宮能久親王御遺跡」,而加以保留下來,但廣闊的建築物,卻形同閒置

---

99 張哲郎總編輯,〈清代北斗的教育〉,《北斗鎮志》,頁320-321。
100 劉枝萬,〈日據時期之教育〉,《南投縣教育志稿》,頁31。

▲文開書院直至今日，仍不斷持續舉辦藝文展覽。

▲學塾課卷。

空間，在地方人士積極努力之下，終於利用文開書院成立文開
書房。

日治之後，文開書院一如各地清代官辦書院，近乎停頓，
鹿港人士頗以此為憂，區長莊士哲、鹿港公學校學務員陳質芬
乃邀請莊士勳、王舜年、王秋田、蔡德宣、呂喬南等儒士，
依據明治三十一年（1898）公布之〈書房義塾規程〉，向臺
中州申辦書房，經多時努力，終於在大正三年（1914）五月
三十一日開塾，同年十月二十二日取得設立認可，命名為文開
書房，址設文開書院，另有分教室在城隍廟。文開書院內由王
舜年、蔡德宣擔任教師，城隍廟內則由王秋田、呂喬南擔任教
師，學生共約八十名，為當時彰化郡下唯一經過政府立案的書
房。昭和十二年（1937），中日戰爭爆爭，公學校廢除漢文
科，漢文書房陸續遭到禁止，但文開書院仍然存在，至十八
年（1943），臺灣總督頒布廢止私塾令，文開書房才隨之停

辦[101]。

其次，興賢書院於日治初改制爲管理人制度，並於大正
九年（1920）臺灣實施土地所有人登記時，改稱「寺廟興賢書
院」，當時員林地區漢文風氣仍盛，書房相繼成立，書院管理
委員會乃於同年延聘彰化宿儒黃溥造前來教授漢文，時間長達
十七年餘[102]，對於員林地區貢獻良多，影響亦大。

清代以科舉取士，讀書人注重的只是八股時文、試帖詩
等，對於詩、古文辭等傳統文學，並不熱衷，誠如連橫《臺灣
通史》之論曰：「臺灣三百年間，以文學鳴海上者，代不數
睹。……而清廷取士，仍用八比，士習講章，家傳制藝，錮塞
聰明，汩沒天性，臺灣之文猶寥落也。」[103] 雖然各地書院內，
文人學士結有大小不一的社學，以文會友，切磋文藝，但講究
的也只是以應試的八股制義爲主，對於古人視爲可以興、觀、
群、怨的詩，反而不受到重視。

日治之後，八股制義既無用途，士子早已棄之如敝屣，惟
獨六言八韻的試帖詩，卻搖身一變爲擊鉢詩，蔚爲文壇主流。
日治初，當局除了軍事征略，打擊武裝抗日之外，則是以懷柔
政策，籠絡前朝遺老。最常見的方式，便是以漢詩與讀書人接
觸。漢詩一方面受到統治當局重視，一方面遺老們也懷著「無
淚可揮惟說詩」[104] 的心境，使漢詩取代了往昔八股制義的地
位，且在既有的試帖基礎上，再發展出以七律、七絕爲主的擊
鉢詩，全島詩人大會頻仍，許多書房、私塾師生便直接轉化爲
詩社，私塾、詩社同時並存，投入詩酒唱酬的行列。

---

101 〈文開書房〉，《鹿港鎮志教育志》，頁50-51。
102 黃溥造編，《興賢吟社百期詩集》，頁2-3。賴劍門編，《興賢吟社後百期詩
　　集》序之二合參。
103 連橫，〈藝文志〉，《臺灣通史》，頁693-694。
104 此爲泉州蘇大山題《無悶草堂詩存》之詩句。

▲興賢書院充為活動場所（徵兵合照）。

　　臺灣中部的書院，在這股潮流的推波助瀾之下，也先後設立詩社，其中以興賢書院的興賢吟社，最具典型。大正十三年（1924）春，宿儒黃溥造應聘講學興賢書院，受教者數十人，數年之後，諸生得其衣鉢之傳，皆知吟詠，當地又有前代遺儒林古愚、張廬山、林夢九、蕭君竹、陳竹溪等人時相過從，拈韻分箋，以揚風扢雅，因而取書院舊名創立興賢吟社。並以每年院內春秋二次祭典，大開擊鉢吟會，招待臺中州下詩友。又每月各擬課題，任由社員隨興搆作[105]。此外，道東書院於大正九年（1920）由許在泮倡修後，亦創辦詩社性質的道東書院漢文研究會，聘鹿港許逸漁擔任主講。

## （四）鸞堂興起及其影響

　　臺灣的鸞堂，又稱儒宗神教。臺灣的扶鸞活動大約濫觴於

---

105 黃溥造編，《興賢吟社百集詩集》，頁2-3。

康熙年間。至於近世鸞堂的興起，則以咸豐三年（1853）澎湖的普勸社為嚆矢，該社至光緒十三年（1887）改稱一新社，扶鸞著造臺灣第一部鸞書《覺悟選新》，但其書刊於明治四十二年（1909），對於臺灣本島的影響不大[106]。

臺灣本島的鸞務肇始，一般認為是起於宜蘭新民堂，創堂時間為光緒十六年（1890），約明治三十三年（1900）後，藉扶鸞解鴉片煙癮的運動蓬勃發展，於是鸞堂自北而南發展，先由宜蘭傳新竹，再由新竹漸次南傳[107]。

約明治三十四年（1901），以扶鸞戒除鴉片煙癮之風已由新竹、苗栗而盛行於早期臺中縣境，有埔里居民林李金水在自宅供奉關聖帝君，以解其母煙癮，因極為靈驗，信徒漸集，乃出資建廟，稱為改化堂[108]，即今醒靈寺前身。

鸞堂既號稱儒宗神教，以儒為宗，而書院主要崇祀文昌帝君、朱文公、倉聖人、大魁夫子等，雖是道教色彩濃厚，卻為讀書儒士所虔信，學者或將這些祠廟，歸類為「儒教的祠堂」[109]，其故在此。

臺灣鸞堂的興起，除自建宮堂之外，亦有結合既有書院文昌帝君等信仰，而進行揮鸞闡教者。中部著名者有二例，一為濟化堂與藍田書院，一為崇德堂與明新書院。

藍田書院自大正四年（1915）重建之後，便日趨荒廢，戰後，各地修葺寺廟的風氣大盛，藍田書院亦不例外。民國四十一年六月，南投鎮長吳振福與地方士紳彭華錦、葉在淵、蕭國治、吳重禮、蕭陳快等發起募捐，予以重修，煥然一新。

106 林漢章，〈清代臺灣的善書事業〉，收入《臺灣史研究暨史料發掘研討會論文集》，頁146-147。
107 林漢章，〈清代臺灣的善書事業〉，收入《臺灣史研究暨史料發掘研討會論文集》，頁146-147。
108 〈關帝廟〉，《南投縣風俗志宗教篇稿》，頁107。
109 同前書，〈儒教的祠堂〉，頁165。

▲道東書院迄今仍定時舉辦藝文展覽。

四十八年九月，為使藍田書院古蹟不再荒廢，乃由吳振福暨相關人士赴埔里育化堂呈疏，請南天賜旨揮鸞「藉挽頹風，丕振聖教」，同年十月，藍田書院「奉玉旨揮鸞闡教」，得埔里育化堂開導，埔里懷善堂及南投各友堂協助鍛鍊正鸞，五十年十二月，由「玉旨下詔」賜號「濟化堂」[110]，從此濟化堂之名遂與藍田書院並行。

至於明新書院之與鸞堂結合，較藍田書院為早，明治三十年（1902），當局將明新書院學田撥歸集集公學校，院舍充為公學校教室，因此居民乃集資八百元，遷建書院於柴橋頭現址，並改稱崇德堂，藉關聖帝君、孚佑帝君、司命真君等三恩主而扶鸞，亦與當時利用鸞堂戒除鴉片煙癮的歷史背景有關，後曾遭取締，致一蹶不振。戰後，崇德堂仍繼續扶鸞，以每月三、六、九日為鸞期，扶鸞濟世，於民國六十五年結集出版《醒化金篇》一書[111]。

藉扶鸞所扶出的作品，除了特意著作的經典與寶懺外，大多為頗具文學形式的作品，早期以古文和詩詞形式居多，藉以傳達神的旨意[112]，達到勸化效果。

早期的鸞音作品，以形式而言，固然古文學詩詞居多，如加以細分，以現存鸞書加以觀察，顯然七言律詩、七言絕詩，佔了重大的比例[113]，自日治時期已然盛行且延續到戰後的舉鉢詩會，現場擊鉢催詩，主要也是這兩種詩體，通常「首唱」是七言律詩，「次唱」是七言絕詩。

---

110 藍田書院管理委員會編，〈南投藍田書院濟化堂大事記〉，《全國詩人大會特刊》，頁15。

111 王志宇，〈鸞堂與書院——記集集明新書院崇德堂〉，收入《美哉南投》第五輯，頁99。參《南投縣風俗志宗教篇稿》，頁170。

112 鄭志明，〈臺灣現階段民間鸞書的文學形式〉，《臺灣的鸞書》，頁1-2。

113 以藍田書院《渡迷集全集》為例，除了極少數「行述」、「話」、「果報實證」為古文體外，其他都屬七律與七絕古體詩。

鸞堂之鸞生受到扶鸞作品的耳濡目染，自然對於傳統詩也會產生興趣，從參加擊鉢詩會，進而辦理詩會活動，最後則自行組成詩社。

以藍田書院濟化堂為例，一九六〇年代該堂除常提供場地作為南投南陔詩社的集會場地外[114]，更於民國六十八年十二月慶祝二十週年堂慶時，辦理「全國詩人大會」。這次的詩會，據主辦總幹事蕭再火事後回憶：「結果盛況空前，是一次清白成功的詩會，頗獲蒼京及與會者的嘉許」[115]。

藍田書院濟化堂受此鼓舞，且於同年十一月初八日鸞期，由「本院主度」降示，正式成立藍田詩學研究社，指派蕭再火為班主任，翌年四月一日，舉行先修班開學典禮，學員十一人，以《千家詩》、《詩法入門》為教材，同年九月二十一日舉行結業典禮，此後擬定每月由社員輪流值辦擊鉢例會。自六十九年九月二十八日舉行首次例會，至八十五年二月十六日，十六年間共舉辦一二六次例會，出版《藍田擊鉢詩選》六輯，後因藍田書院古蹟修護工程，而暫停各項詩學活動[116]。

以清朝而言，書院只有建築物修葺、更新的問題，毫無生徒星散、教育功能喪失的顧慮。日治之後，科舉制度廢止，新式教育施行，使傳統書院備受打擊，自生自滅，官辦書院首當其衝，受創最鉅，民間書院則在時代鉅變的夾縫中，適應環境，求取生存。回顧臺灣自日治以來書院發展的軌跡，各書院固不盡一致，加以歸納不外下列數端：

　　—移充他用，再因殘破不堪，而拆毀、倒塌。如白沙

---

114 就筆者所知，約六十年代林承都先生任南陔吟社社長時，該社例會都在藍田書院舉行。
115 〈全國詩人大會籌備經過〉，《全國詩人大會特刊》，頁50-55。
116 蕭再火，〈學詩緣起〉，《七七冬夏》，頁490-492。

書院、宏文書院、螺青書院之例。

——遷建、重修之後，直接轉型為祠廟，繼續存在，由宿儒設塾其間，以延續傳統漢學，如興賢書院、道東書院、磺溪書院之例。其中興賢書院及道東書院，更分別成立詩社。

——結合鸞堂，維持其香火之鼎盛，如藍田書院、明新書院之例，前者甚至受到扶鸞作品的影響，進而成立詩社，對於傳統文化的貢獻及影響甚大。

近年，若干書院因指定為國家古蹟，進行重修。在缺乏科舉時代的教育功能之下，其再利用亦為重要的課題。其中，以書院硬體設施充藝文研習、展覽場所者，最為常見。如文開書院、道東書院、興賢書院等，均是眾所皆知的事例。尤其是文開書院，在地方人士努力之下，成立「文開詩社」，初期仍以傳統方式活動。至九十四年十一月二十六日，正式通過彰化縣政府的人民團體立案。立案後，詩社開始多元化的經營，辦理各項社教研習班，文武合一，六藝兼修，配合時代潮流，提供民眾再學習的機會，包括音樂（古典樂器、吟唱、歌謠）、美術（插花、拼布、繪畫）、漢學（詩、對聯、成人寫作）、英文、日文等，完全免費，為臺灣書院再利用提供新的指標。

國家圖書館出版品預行編目資料

彰化書院與科舉／林文龍著.－－初版.－－台中市：晨
星，2012.2
面；公分.－－（彰化學叢書；36）

ISBN　978-986-177-583-8（平裝）

1.書院　2.科舉　3.彰化縣

525.9933　　　　　　　　　　　　　　101002756

彰化學叢書 036

# 彰化書院與科舉

| | |
|---|---|
| 作者 | 林 文 龍 |
| 主編 | 徐 惠 雅 |
| 排版 | 林 姿 秀 |
| 總策畫 | 林 明 德 · 康 原 |
| 總策畫單位 | 彰 化 學 叢 書 編 輯 委 員 會 |

負責人　陳銘民
發行所　晨星出版有限公司
　　　　台中市407工業區30路1號
　　　　TEL：04-23595820　FAX：04-23597123
　　　　E-mail：service@morningstar.com.tw
　　　　http：//www.morningstar.com.tw
　　　　行政院新聞局版台業字第2500號
法律顧問　甘龍強律師
承製　知己圖書股份有限公司　TEL：（04）23581803
初版　西元2012年2月20日

總經銷　知己圖書股份有限公司
　　　　郵政劃撥：15060393
　　　　（臺北公司）臺北市106羅斯福路二段95號4F之3
　　　　　　　　　TEL：（02）23672044　FAX：（02）23635741
　　　　（台中公司）台中市407工業區30路1號
　　　　　　　　　TEL：（04）23595819　FAX：（04）23597123

定價250元
ISBN　978-986-177-583-8
Published by Morning Star Publishing Inc.
Printed in Taiwan

以下資料或許太過繁瑣，但卻是我們了解您的唯一途徑
誠摯期待能與您在下一本書中相逢，讓我們一起從閱讀中尋找樂趣吧！

姓名：＿＿＿＿＿＿＿＿＿ 性別：□ 男　□ 女　　生日：　　／　　／

教育程度：＿＿＿＿＿＿＿＿＿＿＿＿＿＿＿＿＿＿＿＿＿＿＿

職業：□ 學生　　　　□ 教師　　　　□ 內勤職員　　□ 家庭主婦
　　　□ SOHO族　　　□ 企業主管　　□ 服務業　　　□ 製造業
　　　□ 醫藥護理　　　□ 軍警　　　　□ 資訊業　　　□ 銷售業務
　　　□ 其他＿＿＿＿＿＿＿＿＿＿＿＿＿＿＿＿＿＿＿＿＿＿
E-mail：＿＿＿＿＿＿＿＿＿＿＿＿＿＿　聯絡電話：＿＿＿＿＿＿＿＿

聯絡地址：□□□＿＿＿＿＿＿＿＿＿＿＿＿＿＿＿＿＿＿＿＿＿

購買書名：彰化書院與科舉

‧本書中最吸引您的是哪一篇文章或哪一段話呢？

‧誘使您購買此書的原因？

□ 於＿＿＿＿＿書店尋找新知時　□ 看＿＿＿＿＿＿報時瞄到　□ 受海報或文案吸引

□ 翻閱＿＿＿＿＿ 雜誌時　□ 親朋好友拍胸脯保證　□＿＿＿＿＿電台DJ熱情推薦

□ 其他編輯萬萬想不到的過程：＿＿＿＿＿＿＿＿＿＿＿＿＿＿

‧對於本書的評分？（請填代號：1. 很滿意 2. OK啦！ 3. 尚可 4. 需改進）

封面設計＿＿＿＿＿ 版面編排＿＿＿＿＿ 內容＿＿＿＿＿ 文／譯筆＿＿＿＿＿

‧美好的事物、聲音或影像都很吸引人，但究竟是怎樣的書最能吸引您呢？

□ 價格殺紅眼的書　□ 內容符合需求　□ 贈品大碗又滿意　□ 我誓死效忠此作者

□ 晨星出版，必屬佳作！　□ 千里相逢，即是有緣　□ 其他原因，請務必告訴我們！

＿＿＿＿＿＿＿＿＿＿＿＿＿＿＿＿＿＿＿＿＿＿＿＿＿＿＿＿

‧您與眾不同的閱讀品味，也請務必與我們分享：

□ 哲學　　　□ 心理學　　□ 宗教　　　□ 自然生態　□ 流行趨勢　□ 醫療保健

□ 財經企管　□ 史地　　　□ 傳記　　　□ 文學　　　□ 散文　　　□ 原住民

□ 小說　　　□ 親子叢書　□ 休閒旅遊　□ 其他＿＿＿＿＿＿＿＿＿＿＿＿

以上問題想必耗去您不少心力，為免這份心血白費

請務必將此回函郵寄回本社，或傳真至（04）2359-7123，感謝！
若行有餘力，也請不吝賜教，好讓我們可以出版更多更好的書！

‧其他意見：

請填妥後對折裝訂，直接投郵即可，免貼郵票。

407
台中市工業區30路1號
# 晨星出版有限公司

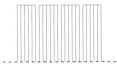

───── 請沿虛線摺下裝訂，謝謝！ ─────

# 更方便的購書方式：

1 網站：http://www.morningstar.com.tw
2 郵政劃撥　帳號：15060393
　　　　　　戶名：知己圖書股份有限公司
　　請於通信欄中註明欲購買之書名及數量
3 電話訂購：如為大量團購可直接撥客服專線洽詢

◎ 如需詳細書目可上網查詢或來電索取。
◎ 客服專線：04-23595819#230　傳真：04-23597123
◎ 客戶信箱：service@morningstar.com.tw